More With Less

働く時間は短くして、最高の成果を出し続ける方法

越川慎司　クロスリバー代表取締役

日本実業出版社

はじめに

■「残業はしないで、成果は上げろ」

このようなプレッシャーにさらされているビジネスパーソンが増えています。

その背景にあるのは、「労働時間の削減」を目指す企業が増えていることです。605社の「働き方」の改善を支援している弊社の調査では、深夜残業を制限し休日勤務を奨励しない企業は8割を超えました。そのために、各社の人事部は勤怠管理をしっかり行い、労働時間の多い社員には注意を促しているのです。

「働く時間」を制限すると同時に、成果を上げることへの圧力も高まっています。企業が生き残るには、常に成長し続けることが求められているからです。とりわけ、そのプレッシャーは、マネージャー層にのしかかり、それを部下たちに感情的に伝えます。それが冒頭の「残業はしないで、成果は上げろ」です。ただ、それは部下にとっては「時短」と「ハイパフォーマンス」を同時に実現するということに近く、絶対に無理と思う人もいるかもしれません。

■「自分の頭で考えてやれ!?」

ただし、「残業せずに、成果は上げる」ために、どうすればいいかを上司は教えてくれません。いや、上司もその術《すべ》がわからないといったほうが正確でしょう。

そんな「残業はしないで、成果は上げろ」の正解がわからず、しかも「自分の頭で考える」という流れが加速しているなか、渦中のビジネスパーソンは複雑な気持ちかもしれません。「自分で考えて仕事をする」というのは、「働きがい」につながる裁量権（自由と責任）を得られたのと一緒ですが、働く時間を短くして、これまで以上に成果を上げるという難題の解決方法は上司も部下も誰も教えてもらったことがないからです。本書の役割は、この難題の解決方法を教えることです。

■67％の社員は「残業をしたい！」

さらに現実的なことをいえば、そもそも現場で働くビジネスパーソンは、仕事が終わらないのに帰るわけにはいきません。結果、「残業禁止！」と会社からいわれて夜7時にオフィスの電気を消されても、近くのカフェはこっそり隠れて残業する社員であふれかえっているなんてことが実際に起こりえるのです。このように強制的に残業を抑制したことで、社員のモチベーションも利益も下がっているという企業も少なくありません。

また、「人生100年時代」（詳しくは後述）といわれるように、人の寿命は年々伸びていますが、会社の寿命は年々短くなっています。このことは、1つの会社にずっと頼ることはできないともいえます。働きアリのように指示されたことだけをしていても、自分の生活は保障されません。そこで、自らで時間を見つけて、社内と社外の両方で通用するスキルを身につける必要があります。

実際に弊社の調査では、残業したい社員の半数近くが自分のスキルを磨きたいと答えています。そのためには日々の仕事をこなしつつ、自分の「学ぶための時間」を創り出さないといけません。この「学ぶための時間創り」が本書でも紹介する「学び方改革」であり、それが将来の生産性アップにつながります。

■16万人に適用した「再現性のある成功ルール」

私は会社と個人の生産性をアップさせるコンサルタントとして、これまで16万人の働き方を改善してきました。そのなかで多くの行動実験（行動実験や調査ごとに、対象と人数は異なります）を行い、「労働時間を短くして生産性をアップする」ための再現性のあるルールを見つけ出したのです。

そのルーツは、自分のビジネスパーソンとしての経験です。私は社会人になって24年が過ぎ、その間に3回の転職と2回の起業をしました。

仕事の覚えが悪く、初めはいつも苦労していました。しかし、努力を続けるうちに苦しさが喜びに変わることを知ってしまい、仕事にのめり込んでしまいました。その結果、2回の精神疾患を患い、出社できないこともありました。頑張っているのに成果が出ず、1年以上、十二指腸潰瘍《かいよう》に苦しんだ経験もあります。

2005年にマイクロソフトに入社し、尊敬するオーストラリア人の上司に出会ってから、彼のすすめで読書が習慣になりました。現実逃避する目的もあり、書籍を読みふけっていたときに出会ったのが『エッセンシャル思考』（かんき出版）という本です。この本でうたっていたのは「より少なく、しかしより良く」という考え方です。それからは、世の中、人生、仕事などにインパクトを与えるもの以外はやめることを決めました。

この「本質的な働き方」を実践し始めて7年が経ち、自分の行動と意識が変わりました。在籍していたマイクロソフトでは役員に昇格し、社内の「働き方」を変革するリーダーになりました。

2017年に独立してからは、睡眠時間を毎日7時間以上保ち、週休3日で600社を超える世界各地のクライアントに、この「働き方」を浸透させることに成功しています。

もちろん自社でもこの「働き方」を実践し、メンバー全員が「週休3日・週30時間労働」

を3年以上維持し、利益は毎年アップしています。リモートワークをしながら世界各地のプロジェクトに関わらせてもらっています。

そのような経験から、**より少ない労力でより大きな成果を残す人材こそが、変化が激しい社会でいつまでも生き抜くことができる**、と確信しました。

見つけ出した「**本質的な働き方**」は、多種多様なクライアント企業で多くのビジネスパーソンの行動と意識を変えることができたわけですから、再現性があるグランドルールともいえます。

ルールはシンプルで簡単です。**明確かつ測定可能な目標に向けて、より少ない時間でより良く働くだけです**。つまり、「More with Less（より少ない時間で、より良く働く）」です。

本書では、何をすべきで、何をしないほうが良いかをしっかり区別して説明していきます。**あなたの頑張りをムダにせず、正しいところにエネルギーを注ぐ、より少ない時間でより大きな成果を上げる働き方**を包み隠さず、すべて紹介していきます。

最短距離で成果を残し、より幸せな人生を楽しむために！

働く時間は短くして、最高の成果を出し続ける方法■目次

第1章 より少ない時間で、より良いアウトプットが求められる時代

第2章 本当に「減らせる時間」はどれくらいあるか?
――まずは、仕事の「ぜい肉」と「筋肉」を把握することから

第3章 どうすれば、働く時間を減らしても成果を出し続けられるのか？

第4章 生産性アップは最終的に「働きがい」で決まる

第5章 絶対に効率化できないのは「コミュニケーション」

第6章 変化が激しい時代に、必要とされる人になる「学び方改革」

第7章 「働き方」と同じくらい大事な「休み方改革」

カバーデザイン　井上新八
本文デザイン&ＤＴＰ　松好那名(matt's work)

第 1 章

より少ない時間で、
より良いアウトプットが
求められる時代

More with Less

より短い時間で「最高のアウトプット」が求められる時代

■「VUCA時代」の働き方

現代は「VUCA」時代といわれ、「VUCA」とは「Volatility」（変動性）、「Uncertainty」（不確実性）、「Complexity」（複雑性）、「Ambiguity」（曖昧性）の４つの頭文字を合わせたものです。

あまりにも不確実で、複雑で、将来が予測しにくい現代においては、「働く」ということの価値観の転換が必要となります。たとえば、かつては「働く時間の長さ」での貢献を評価されていましたが、成果主義の定着に伴い、「長く働く人」よりも「短時間で成果を出せる人」が求められているのです。

現在の働く人々を取り巻く環境をひと言でいえば、**「より少ない人数で、働く時間を短くするなか、毎年利益を上げ続ける」**です。もっと簡潔にいえば、これまで以上に短時間でアウトプットを出していかないと、会社も個人も生き抜くことができません。

そのようななか、**働く人々に求められるのは、労働の「時間提供者」ではなく「価値提供者」になることです。**限られた時間のなかで、自分の価値を最大化する必要があります。徹夜して資料を完成させて苦労をアピールしたり、休日出勤で多忙さを自慢したりするのは、もはや意味がありません。自分の得意なことをやって、より少ない時間で稼がないといけないのです。

多くの人が、これまでの人生経験を通じて、努力の大切さを学んできたと思います。ただし、コツコツと地道に努力すれば成果は残すことができますが、そこには限界がある。**努力は必要ですが、それをどこに向けるかが重要なのです。**

・あなたは、何に時間を費やしてきましたか？
・何に、どれだけ努力をしてきましたか？
・その努力の量は、成果と比例していますか？

限られた時間で限られたエネルギーを注いで成果を残すには、**がむしゃらに働くのでは**

なく、より少なく、しかしより良く働くのです。

また、市場の変化が激しく、顧客の需要が複雑化するなかでは、1人だけの力では課題を解決することは難しい。自分のスキルを磨きながら、他の人を巻き込み、チームで対応することが求められます。これまでの時代のような、苦手な仕事でも1人で抱え、我慢してやりつつというのでは、成果を残しにくくなっています。

周りの社内外のメンバーを巻き込む能力を身につけて、単に1＋1を2ではなく、3にも4にもしていく。そうすれば、より少ない時間で成果につながります。

意識を変えることも大事ですが、まず行動を変えてください。実際に行動を変えて「意外と良かった」と思えたら意識が変わった証拠です。正しい行動をするようになると、最短距離で成果を残すことができます。

正しい努力をして、より少ない時間で、しかしより良く働けば、あなたの努力は報われる

社内だけでなく、社外でも必要とされる人が生き残る

■「VUCA時代」に求められる人材

かつてのモノ消費時代は、高機能・高品質のモノづくりで区別化し、作れば作るほど、そして働けば働くほど利益が上がるビジネスモデルでした。この時代には多様性よりも同質性が求められ、上司のいうことを聞いて我慢して働いていれば、安定した給与をもらうことができ、定年退職後は悠々自適に過ごすことができました。

しかしながら、「VUCA時代」と呼ばれるほど、激しい変化にさらされるなかで、会社も、個人も変わることが求められます。

では、どのような人材が求められ、どのような人材が成果を残して評価をされるのでしょうか。先述したように、「働く時間数」ばかりで評価される時代は終わりました。年をとれば自動的に給与が上がる仕組みも有名無実化し、いくら深夜残業をしても成果が出

なければ効率の悪い社員というレッテルを貼られます。汗をかいて努力していることをアピールしても評価されなくなっています。

求められる人材は、より短い時間で成果を出し続ける人です。そのために自ら率先して早く帰れるように日常業務から改善し、業務に必要となるスキルを磨いている人です。「お客様のために成長したい」「自分と会社の成長を楽しみたい」という強い気持ちを持ち、学びのアンテナが高く敏感な人です。変化に対しても柔軟に対応でき、自分の得意分野を複数持ち、それらをかけ合わせて新たな価値を提供していける、そんな人です。

■企業の「どのような人材がほしいですか?」への答えは

実際に315社のクライアント企業に「どのような人材がほしいですか?」「どのような人材に育てたいですか?」とヒアリングすると、回答のトップ3に「自律」「自発的」「前向き」という言葉が出てきました。また、各企業の意思決定者826名に「どのような人と一緒に仕事がしたいですか?」「どのような人に発注したいと思いますか?」と聞くと、「自発的」「責任感」「学習(する意欲)」という回答が返ってきました。

これらの結果からも、**自発的に仕事をする人材**が社内外で求められていることがよくわかります。

■社内でも社外でも人材価値を高めるのは「希少性」

人の寿命は長くなる一方で、企業の寿命は短くなっているというのは、世界第3位の経済大国日本でも、企業の平均寿命が23・5年となっていることからも明らかです。70歳を過ぎても働くことを考えたら、1つの会社に勤務し続けることは難しくなっていきます。社外でも通用するスキルを身につけて、自分の価値を高めていかないといけません。

人材としての市場価値を高めるためには、個人の「希少性」を高める必要があります。さらにいえば、自分の得意分野は1つではなく、複数。1つだけだと、それが時代の流れから求められなくなると、つぶしが効かなくなります。ですから、**他人に負けない得意分野を、できれば少なくとも3つの軸を作り、それらをかけ合わせることで「希少性」を高める戦略**が重要です。

そのためには、テクノロジーの進化を見据えておくことも欠かせません。たとえば、「自動翻訳」の実用性がどんどん高まり、外国語を話せるという価値は薄らいでいます。私はかつて世界的なグローバル企業にいましたが、「英語が話せる＝仕事ができる」というバイアス（先入観）があり、成果以上の評価をされている人が大勢いました。しかし、これからは外国語を話せる能力だけにしがみついていると、評価されないリスクが高まります。

一方、「本質的な悩みを聞き出すこと」「人の背中を押すこと」「抵抗勢力と打ち解け合うこと」といった能力は、磨いていけばいくほど希少性が高まります。これらは、ＡＩ（人工知能）時代における「人間だからこその力」といえます。

変化に対応していくには、今の得意分野だけに固執しないことも覚えておいてください。異なる得意な軸を３つ以上持ち、それらをかけ合わすことで希少性が高まる例として、たとえばエンジニアでコミュニケーションスキルが高く、交渉力がずば抜けている、といった人。日本のコンビニ業界を熟知し、ＳＮＳを通じた発信力があって、企画を通す資料作成術を持っている人。このように得意な軸を広げて自分の希少価値を高めていくことが、個人が目指すべき真の「働き方の改善」です。

人材としての希少価値を高めることで、未来の選択肢が増えます。会社や団体などに所属せずに、仕事に応じて自由に契約する「フリーランス」という働き方も選択肢の１つです。

「クラウドソーシング」と呼ばれるインターネットでの受発注の仕組みが定着してきたことも、フリーランスが増えている理由の１つです。クラウドソーシングとは、インターネットを通じて単発の仕事を不特定多数の人（crowd）に委託する（sourcing）方式です。

このフリーランスという職種は、世界各地で確実に増えています。米国ではフリーランスの経済規模は2018年に1兆4千億ドル（約154兆円）に達し、フリーランスの人口は5670万人に増加しています（米国UpWork社調べ）。日本では2018年に1119万人となり、経済規模は20兆円に達しました。

このように、企業の社員でなくても仕事ができる環境が整っていき、企業の寿命に頼れなくなったビジネスパーソン同士が集まって、顧客の複雑な課題を瞬時に解決する時代が到来しています。

そのようなか、**自発的に学び続けること、自分自身が変化し続けることが求められているのです。**

スキルをかけ合わせて希少性を高めれば、未来の選択肢が増える

６０５社・16万人のデータからわかった「新しい働き方」

■「大きな成果を残している社員と組織」に共通する2つのこと

弊社が支援している「働き方の改善」では、アンケートと調査によって企業診断もしています。「社員の本音を聞き出し、変化に対応する気運が高まっているか」、そして「改善に対して何が障壁であるのか」「経営陣に改善をする覚悟があるかどうか」などを明らかにするためです。

また、ＩＴツールを使い、「社員がどのような作業に時間を費やしているか」を確認し、追加調査によってその作業内容の詳細や、各作業が成果につながっていたかどうかを掘り下げて調べてもいます。

14業種６０５社で、従業員数５名から８万人の企業まで、企業規模等による変動要素はあるものの、実証実験によって仮説の検証を積み重ねたことで、一定の共通パターンがわかりました。16万人の調査を通じて、**「大きな成果を残している社員と組織の思考や行動にある共有項目」**が見出せたのです。

とりわけ「働く時間を短くして、成果を出し続けること」に成功している企業は、どういった取り組みをしているのでしょうか。その特徴は、次の2つです。

1つ目は**「明確なゴール」が定義されていること**。つまり、「何をもって成功とするのか」が決まっているのです。正しい目標が設定されており、それを意識して行動するとその目標に近づいていきます。

実際に、私の講演を受講した約1200社に対してアンケートを行い、「働き方の改善に成功している」と答えたのは、たったの12％でした。この12％の企業は、明確で定量的かつ測定可能な目標を設定しているのです。この成功の定義が明確であれば、目的と手段を履き違えにくくなります。

そして、その目標を達成することの意義を、経営陣と現場が腹落ちしています。その目標を達成するために、会社全体でさまざまな行動を通して、より少ない時間でより良く働こうとしています。

たとえば、週報を禁止したり、アジェンダ（課題）が事前共有されない会議は開かないルールにしたり、反対意見をいうときは対案をつけることを義務化したり、といったようにです。

2つ目は**「手段を目的にしない」**ことです。「働き方」を改善することが目的ではなく、改善によって目指すべき目的に近づいていくという具体的なステップが設計されています。そのステップの進捗状況を、現場の社員たちと経営陣が一緒に確認しています。

多くの企業では、トップ5％の社員は成果を上げる方策を練る一方で、残り95％の社員は時間の制約に対して愚痴ばかりいいます。「残業をなくして売上目標は達成しろ、なんて無茶だ」「改善活動なんてうまくいくはずがない」。そのような声をクライアント各社でもよく聞きました。

そのように改善活動をする意義を腹落ちしていないと、新しい働き方を導入しても平均して9カ月で元の働き方に戻ります。オフィスを19時に消灯すべく、初めはみんな頑張って仕事を終えて退社していました。しかし、電気を消す意義を理解していないまま9カ月が過ぎると、消えた電気を点け直して働き続けるようになってしまいました。調査からも、**腹落ちしていないと、78％の社員は元の働き方に戻ってしまうという結果が出ています。**

■意識ではなく、行動を変える

経営者は社員に向かって、「まず意識から変えよう」と鼓舞したり、いたずらに危機感をあおったりしがちです。しかし、それだけで社員が変わることはありません。

そこで、意識を変えようとするのではなく、まず小さな実験を行い、その結果を検証することによって行動を修正していきます。その結果、「ああ意外と良かった」という言葉が出たら意識が変わっている瞬間です。

ずばり、**大きな成果を上げている社員と組織の特徴は、早く行動を起こし、リスクの小さな行動実験を行い、達成感を重視していることです。**

■時間を減らすのではなく、時間を創り出す

未来の目指すべき姿をイメージして、自分にメリットがあると感じることができれば、行動を変えやすくなります。やらされ感があるとどうしても情熱を傾けにくいですが、自分で選んだ行動であれば、モチベーションを維持しながら達成に向けて切磋琢磨していけます。背後から大きな岩が転がってきて逃げ惑うよりも、目の前にニンジンをぶら下げて走るほうが行動を継続しやすいのです。

こういった前向きな目標を意識することは、リモートワークでも重要です。実践してみ

るとわかりますが、リモートワークではあっという間に時間が過ぎ、気がついたら夕方になり夜になります。目の前の仕事をすべてきちんとこなしていたら時間が足りなくなり、徒労感で満たされます。

けれども、「自分の時間を生み出す」という前向きな目標があれば、「そもそも、これって必要なのか」という課題発見の視点が身につきます。そうなると効率化すべく、ムダなことをやめ、目標に向けて行動することができます。成果につながらない作業をやめても「意外と影響ないな」と思ったら、そのときこそ意識が変わった瞬間です。時間は減らすのではなく、創るのです。

先に行動を変えることで、結果的に意識が変わる

「時短」を目的化してはいけない

■社員は、必ずしも残業の抑制を喜んでいるわけではない

「働き方の改善」活動は、目的を見失うとコスト削減に終始してしまったり、労働時間を減らすことばかりに目がいきがちです。これは残念ながら目の前に見えている表面的な事象を解決しようとしているだけであって、課題の本質をとらえた根本的な解決には至りません。

日本では、2019年4月に法律で労働時間の上限が規制されました。労働時間は前年比約18％減少し、あたかもうまくいっているように見えます。しかし追跡調査の結果、管理職の労働時間はむしろ21％増えており、ただ単に一般社員の作業時間が上長に移行しているだけだと判明しました。

また、残業の抑制は社員のモチベーションの低下を招きました。18社7万人を対象にアン

ケートをしたところ、なんと67％の社員が残業したがっていたのです。理由は、次の通りです。

・社員数1000名未満の企業の「残業したい理由」トップ3

1位 残業代のため
2位 スキルアップしたいから
3位 仕事が終わらないから

・社員数1000名以上の企業の「残業したい理由」トップ3

1位 仕事が終わらないから
2位 スキルアップしたいから
3位 残業代のため

この結果を見ると、残業したら追加報酬（残業代）が出ることも理由の1つであることがわかりました。中には、残業代を考慮して月間の手取りを計算し、住宅ローンを組んでいる人もいました。

ただ単に労働時間を減らすだけの「時短」は、生産性が落ちます。そして、「働き方」

を改善することの意義と目的を腹落ちしていないと社員のモチベーションは低下します。

■「How（手段）」ではなく、「Why（目的）」で考える

「働き方の改善」に成功する企業は、「How（どうやって）」ではなく、「Why（なぜ）」で考えます。**表面的な課題を追うのではなく、その課題がなぜ発生するのか根本的な問題まで掘り下げ、それを解決することを目指しているのが成功企業の特徴です。**どうやって社員たちを早く帰らせるかという「手段（How）」を考える前に、なぜ社員たちは早く帰れないのかという**「発生原因（Why）」を探ることが求められるのです。**

たとえば、残業の抑制でいうと、「How」で考える企業は強制的に帰らせることや電気を消して帰るきっかけを与えることに終始してしまいます。一方、成功している「Why」で考える企業は、なぜ長時間労働が生まれるのかといった根本的な原因を探ります。

ある製造業のクライアント企業では、業務時間のうち社内会議が占める割合が4割を超えていることがわかり、さらにその会議の4割はアジェンダが決まっていませんでした。アジェンダが決まっていなければ、もちろん成果は出ません。この企業では、会議のアジェンダを開催日時から24時間前までに参加者に送らないと参加してはいけないというルールを定めたのです。

結果として、この企業の生産性は飛躍的に上がりました。ルールの導入当初は、管理職からかなりの批判を受けました。しかし、アジェンダのない会議は撲滅され、全体の会議時間も18％減りました。そうして、オフィスの電気を消さなくても早く帰れるようになったのです。

流通業のクライアント企業では、残業の抑制によって社員のモチベーションが下がる理由の1つである残業代を廃止しました。代わりに、残業を減らして目標達成したチームにボーナス（追加報酬）を出すようにしました。すると、労働時間は減り、社員のモチベーションは上がって、つれて売上も上がっていきました。

こういった「Why」を起点にした「働き方の改善」により、社員たちの意識の変化も確認できました。

「How」で考える企業は、19時にオフィスの消灯をしたり、人事担当が見回りをして残業している社員を注意しています。一方、「Why」で考える企業は、まず残業しないことのメリットを各チームで話し合い共通認識を持ちます。そのうえで、成果につながらないムダな作業をやめることを決めています。

だからこそ、「働き方」を改善するには、「そもそも、何をもって成功とするのか」という目的につながるその定義を決めておく必要があります。

■何をもって「成功」かという定義を決める

成功か否かは、3つの評価軸で計測します。

第一は「責任者による評価」で、私の講演を聴講した各企業の幹部に「働き方の改善活動はうまくいっていますか？」と単刀直入に聞きます。成功の基準は、労働時間の短縮や、効率的な労働方法の導入など各社によって違います。そこで、経営者など改善の責任者に対して、「成功していますか？」という質問を投げかけます。残念なことに、88％の責任者が「成功していない」と答えるのです。

責任者の主観的評価がわかったら、次に「客観的な評価」に進みます。どれだけ改善活動がうまくいっていると思っても、会社が赤字続きでは意味がありません。そこで、財務諸表などを見ながら、業績が伸びているかをチェックします。

最後は、「従業員の評価（＝働きがい）」を調査します。外部の調査でも弊社の調査でも、**働きがいを感じている社員は、そうでない社員よりも業務効率が45％以上高く、セールス担当だと目標達成率は1・7倍高いことが明らかになっています。**

改善活動を実施してから、働きがいが高まったと感じる社員が増えていれば、それは改善活動が成功している大きな証拠の1つといえます。

また、社員に「腹落ち感」がないと、制度もＩＴも活用されません。なぜ改善活動をしないといけないのか、社員自身にとってどのようなメリットがあるのか、自分が幸せになることとどのように関係があるのかを社員が納得していないと、自発的に行動をすることはありません。つまり、会社が成長して、そして社員も幸せを感じる……これを実現するために「働き方の改善」活動を推進するのです。その実現のための手段が「改善」であることを肝に銘じます。

根本的に解決するには、「How」ではなく「Why」で考え抜く

まずやるべきは、「戦略」を立てることです。どういう姿になりたいのか（あるべき姿）を具体的にしてから、現状とのギャップを埋めていくことが求められます。少なくとも、今の行動が目的に沿っているかは常に意識しないといけません。それがないとムダなことに時間を費やしてしまい、成果が出にくくなってしまうのです。

12％の成功企業が必ずやっていること

■絶対に欠かせないのは「内省」の習慣

「働き方の改善」において、12％の成功企業が必ずやっていることがあります。それは、**「進む」「振り返る」「進む」を繰り返すこと**です。

自分の仕事のどこにムダがあったか、もっと削れる部分があるんじゃないか……。そうやって振り返ると、おそらく「もっとスムーズに進められた仕事」「やらなくても良かった仕事」「他の人に任せれば良かった仕事」が見えてくるはずです。

このように仕事を「振り返る」こと、つまり**「内省」を習慣にすること**で、常に新たな改善点がいくつも見えてきます。やみくもに改善に取り組もうとするのではなく、振り返って見つかったことを少しずつ改善していけばいいのです。1回の振り返りで、仮に1日30分のムダが発見できれば、年に120時間も新たに生まれるのです。

成功企業が実践している循環サイクル

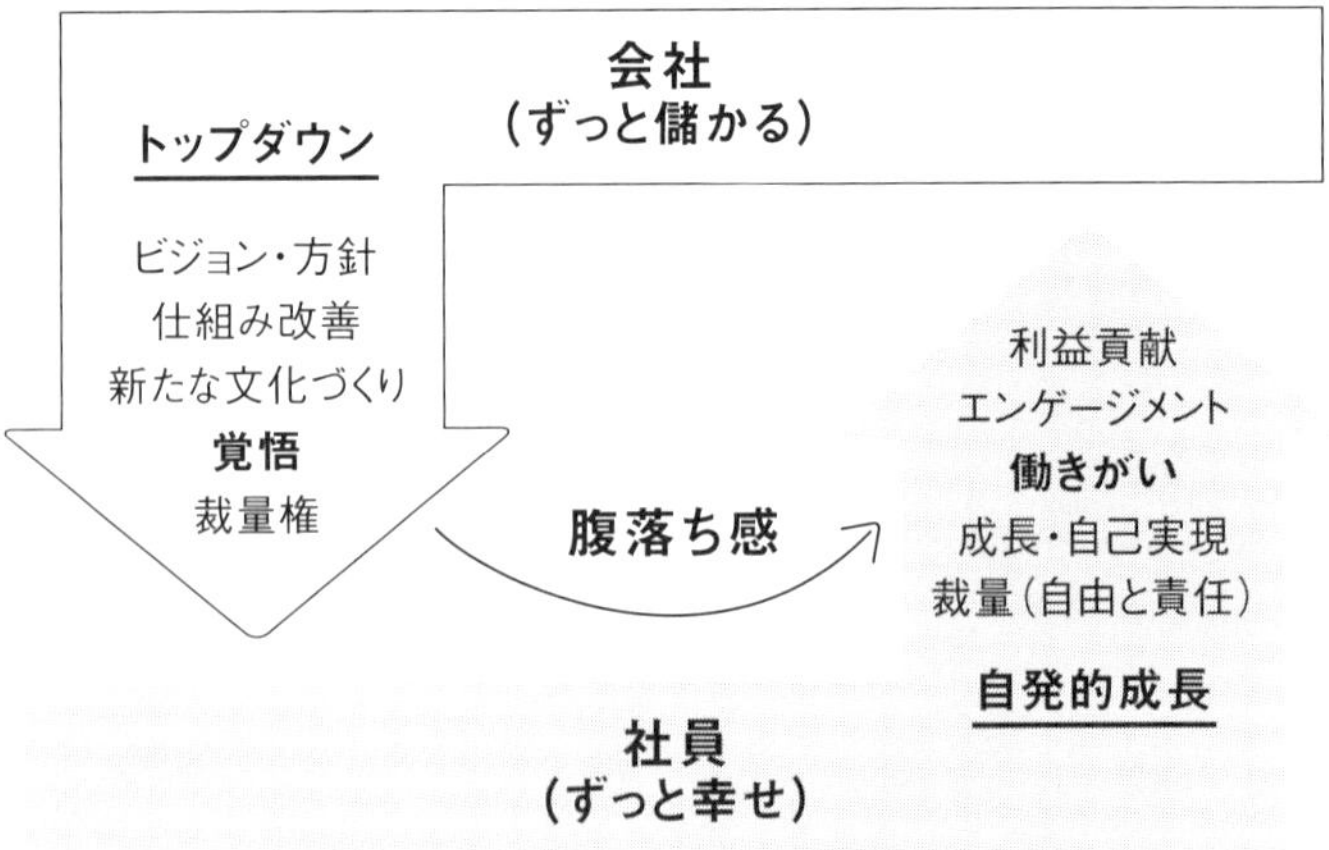

VUCA時代、この「内省の時間」がどれだけ確保できるかが、企業も個人も勝負の分かれ目になり、自らの「強み」にもつながっていきます。なぜなら、社内でムダに時間を費やして思考停止してしまっては外部の変化に気づかず、その対応も遅れてしまうからです。

そして、内省の時間によって「ゼロから未来を生み出す」ための創造力は、AIにはない人間の強みともいえます。その創造に必要なのは、定期的に立ち止まって考えることです。

調査結果から、12％の成功企業は、「内省」をもとに、「会社が成長すること」と、

「社員が働きがいを持つこと」の両立を目標に据えていました。

その実現に向けて会社つまり経営陣は目的と方向性を示して、勇気をもって現場のメンバーに自由と責任の裁量権を渡します。裁量権を持った現場のメンバーは成果につながる新たな挑戦を自主的に行います。腹落ち感を持ちながら行動変容することによって、成長を楽しみながら「働きがい」を持ちます。

「働きがい」を持っている社員は、会社の売上目標を達成すべく会社の成長に貢献します。いわば、「働きがい」を感じている社員が増えれば会社が儲かります。会社が儲かれば、より大きな自由と責任を現場に渡します。**12％の成功企業は、このようなトップダウン（経営陣から現場へ）とボトムアップ（現場の裁量で新たな挑戦をする）のサイクルを回しているのです。**

目的なくして、成功なし。「進む、振り返る、進む」が成功のカギ

みんなが幸せになる「週休3日」社会

■なぜ、「週休3日」にしようと思ったのか？

私はマイクロソフトから独立して、２０１７年にクロスリバーという会社を設立しました。主な業務は、企業の成長を支援する事業開発やＩＴ導入、人事制度のコンサルティングや講演です。

リモートワークの導入を希望する企業が増え、おかげさまで3年間に６０５社から仕事をいただきました（うち業務委託として本格的に企業に入り、２年以上支援をしている企業は29社）。従業員数でいえば約16万人の「働く人たち」に対して、変化の対応力を身につけることを支援しています。

これまで、年に地球を4周するほどの移動距離で世界各地のプロジェクトに参画してきました。現地で優秀なビジネスパーソンに触れる機会もありましたが、多くの人が時間に追われています。目の前の仕事を勤務時間内に終わらせることに必死なのです。ついつい働き過ぎて心身ともに疲れ、プライベートの時間も楽しめず、ハッピーではない人もいます。

私自身、前職のマイクロソフトでは働き過ぎて精神疾患になったことがあります。しかし、いざ立ち止まって振り返ると、多くのムダな作業に時間を費やしていることがわかりました。厳しい言い方をすれば、「長く働くこと」が前提になってしまって、作業自体が目的となっていたり、非効率的な仕事のやり方が根づいてしまっていたりするのではないか、という危惧を抱きました。

「働く時間」が仕事の評価につながっていることも少なくありません。広い話になりますが、資本主義経済下では、企業は株主に対して継続的に利益を上げていかないといけません。しかし、売上目標が年々高くなっていくのに対し、1日24時間であることは変わりません。根本を変えないと働く時間が増えていき、自分の時間が減り、心身を壊す可能性も高まります。これでは、社員も会社も、社会もハッピーではありません。

そのような悩みを抱いていたときに、先述した『エッセンシャル思考』という本と出合ったのです。より短い時間でより大きな成果を上げるには、「選択」と「集中」が必要だと説く内容に痛く共感し、実践しようと思いました。

労働時間を減らしても同じかそれ以上の成果を出すことができれば、社員の給料を減らさなくて済みます。労働時間を減らした時間によって、家族のケアや複業（副業）、趣味など自分で決めたことに時間を費やすことができます。社員が健康で、働きがいを持ち、成果を出し続けることができれば会社もハッピーです。多くの人に時間と精神の余裕が生まれれば、助け合いの気持ちも育まれ豊かな社会が実現できます。

ムダな作業をなくし、短い時間で大きな成果を生み出す働き方を実践できれば、会社は業績を上げ続け、社員は週休３日でも給料は下がらない。それによって余裕がある豊かな社会が実現するのです。このように、週休３日で社員も会社も社会もハッピーになることを証明したいと思いました。

そのために、私の会社の39名全メンバーが週休３日・週30時間労働を実践しています。クライアント企業の行動変容を支援するわれわれの働き方が乱れていては、本末転倒もいいところです。まずは自分たちの働き方で１つの理想形を示したいと。

「社長だから、細かい仕事は全部社員に任せているんでしょ？」とか「決裁業務ばかりだから30時間で終わらせられるんでしょ？」とよく聞かれますが、そんなことはありません。社長の私もクライアント企業の課題解決に深く入り込み、メンバーも同じようにコンサルティング活動をして週休３日を実現しています。

■明確な数値化による「労働時間の削減」で、「週休3日」は実現できる

では、なぜ週休3日・週30時間でも仕事を回すことができるのか？

それは、**意識を変える前に行動を変えたからです**。まず、私を含めたメンバーの時間はITツールで管理しています。私の「1日の労働履歴」はさまざまな端末を通じて常にインターネットにつながっており、週の総労働時間、作業時間、アイデアを出すクリエイティブな時間、勉強の時間、メンバーとのコミュニケーションの時間などをITツールによって管理しています。その週に働いた時間が30時間を超えそうになると、警告が出るようにセットしています。

初めに変えた行動は、「どのように、そしてどれだけ働いたか」を可視化することでした。「だいたいこれぐらいの時間には帰ろう」「明日は早めに帰れるようにしよう」ではなく、一度「週30時間しか働かない」と決めて、カウントダウン式に仕事を進めてみてください。今、何時間働いて、あと何時間残っているかを意識しながら働くと、驚くほど仕事のムダがなくなるはずです。意識を変えるのではなく、まず行動を変えてしまう。じつは、これがとても重要なのです。

「週休3日」は、決してクロスリバー社だから実現できたわけではありません。そこで、多くの企業でも実践できるように実現までのステップを紹介します。

何よりも、「週休3日」と定量的な目標を掲げることに意味があります。週4日・30時間労働という定量的な制限（期限）を設けるのです。この期限があると、あとどれくらいで何をしなくてはいけないのかという目安をつけることができます。目安がつけば、「絶対にできない」というバイアスは外すことができます。たとえば、週5日労働・37・5時間のうち20％を削減できれば、週休3日・30時間労働が実現します。

詳しくはこのあとの章で順を追って解説していきますが、短くすべきは1週間の労働時間のうち68％が費やされる「社内会議」「資料作成」「メール処理」の3つです。実際に弊社では、ムダな会議を減らし、ムダな資料の作成をなくし、チャットを活用してメールはできるだけコンパクトなメッセージにする――この3つだけで、労働時間が5時間以上短くなりました。

さらに、仕事の質を高めるべく、集中するための環境を整えることで、仕事が1日30分速く効率良く進んだとしたら、4日間で2時間の短縮ができます。たとえば、「締め切り効果」もその1つです。期限を意識することで、集中力が高まります。適度な緊張感があったほうが作業に集中でき、YouTubeやSNSのわき見時間が減ります。第4章で紹介する「ポモドーロ・テクニック」（ポモドーロ・テクニックは25分1セットで作業を進めますが、私は45分1セットで作業を進めています）を取り入れることも、個人レベルで作業効率を高めるのに効果的です。

この「週休3日」を実現する方法の本質にあるのは、本書のキーメッセージである「**明確かつ測定可能な目標に向けて、より少ない時間でより良く働く**」です。

とはいえ、その週にやるべき仕事のすべてが30時間で終わるとは限りません。

私の会社には、現在39名の「メンバー」がいるという話をしましたが、社員と呼ばないのは、全員、業務委託の形で「複業」としてお願いしているからです。メンバーは全員、他の企業の仕事をかけ持ちしながら、クロスリバー社に関わってくれています。みな、人事制度や労務管理、人材育成や新規ビジネス開発、プロジェクト管理、AIアプリ開発やITコンサルなどのプロフェッショナルです。

私のマイクロソフト時代の同僚で、現在はシアトルで自分の会社を経営しながら、クロスリバー社が実施した調査のデータ分析をしている人もいます。健康経営に詳しい医師もいますし、民間企業で営業経験を重ねた僧侶もいます。

このような優秀な方々が、うちのような零細企業で働くことには抵抗があると思いますが、「複業」という形で、彼らのスキルや経験を時間単位で高価に買い取ることで、お互いにWin-Winの関係で仕事ができるのです。自分でやれば5時間かかる仕事も、その道のプロに頼めば2時間で終わります。逆にメンバーが苦手としている仕事を5時間するのではなく、その仕事を得意としている他のメンバーが1時間で終えることができます。

それぞれが私にない得意分野をたくさん持っています。**彼らの強み・弱みをかけ合わせて、クライアント企業の複雑な課題を他社よりも早く解決する。**これが605社のクライアントに支持されている〝強さ〟であるともいえます。

このようにメンバーの「強み」と「弱み」をよく理解して、正しく仕事時間の割りあてができれば、チーム全体の稼働時間は減ります。得意分野の仕事ができれば、自分の能力を惜しみなく発揮できて「働きがい」が増します。「働きがい」がアップすれば、業務効率が高くなりアウトプットの質が上がります。

クライアントの要望に、1人で対応していては、とても「週休3日・30時間労働」は実践できません。ですが、メンバーたちの能力をフルに活用すれば、それぞれの労働時間が短縮でき、ベストを尽くすことで受け取る報酬もアップするのです。私は、この仕組みを本気で世界に広めたいと思っています。

「期限」と「目安」がわかると、時間を生み出すことはできる。
「週休3日」で社員も会社も社会もハッピーに

第 2 章

本当に「減らせる時間」はどれくらいあるか？

――まずは、仕事の「ぜい肉」と「筋肉」を把握することから

More with Less

「働き方の改善」は、ダイエットに成功する原理と同じ

■まずは「ムダな時間」の可視化から

「働き方の改善」を支援しているなかで、多くのビジネスパーソンから「そもそもの業務が多過ぎて時短は無理」という悩みの声を聞きます。

「働き方の改善」は、単に働く時間を短くすることと誤解されがちです。**真の「働き方改革」とは、ムダな時間を削り、生み出された時間を正しく再配置することです。**

まず効率化すべき定型業務を棚卸しして、それにかける労働時間を圧縮します。その業務の棚卸しのために、やるべきは**「自分は何に時間を費やしたのか」を可視化することで**す。そもそも何に時間を使って、どのような成果が出たのかを可視化して把握しないと、何がムダかがわかりません。

これは、ダイエットと同じ原理です。体重計に乗って、どれだけ体重が落ち、脂肪と筋

毎日体重計に乗る人は
ダイエットの成功率が
3倍になる

肉量がどれだけ変化しているかを把握することによって、健康的なやせ方なのかどうかがわかります。

もし体重は減っても筋肉量が落ちているのであれば、リバウンドする可能性が高くなるので、食事制限より運動が必要になります。体重はさほど変わらなくても、筋肉量が増え脂肪が減っているのであれば、基礎代謝が上がるので太りにくい体質に変わっているといえます。

このように状況を可視化して、その把握によって行動を変えていけば健康的なダイエットにつながります。実際に、毎日体重計に乗ってダイエットする人は、体重計に乗らない人よりも理想の体型になる確率が3倍にもなるそうです。

仕事でも同じことがいえます。まず、現在の業務を把握するために「振り返り」をします。これがいわば体重計に乗るのと同じ行為です。毎日振り返る必要はありませんが、1週間に15分でも振り返ると、効果が出てきます。そして、**効率化すべき業務、つまり「業務の脂肪（ムダな）部分」を見つけます。**ムダな仕事にかけている時間をダイエットしていきます。

ちなみに、先述したように私の時間はすべてＩＴが管理し可視化しています。私の「１日の労働履歴」はさまざまな端末を通じて常にインターネットにつながっており、可視化することで、ムダな時間がわかり、何の時間を減らそう、どの時間でもっと稼がなくては、ということも見えてくるのです。

業務の「見える化」と「週に15分の振り返り」で働き方は改善できる

「ぜい肉を減らす（＝単なる効率化）」だけではダメ

■「ぜい肉」を減らしても、「筋肉」は減らさない

「ムダな時間」というぜい肉を落としただけで喜んでいてはいけません。ぜい肉を減らしても、同時に「生産性の高い業務である筋肉」は減らしてはいけないからです。

そして、さらにその先のことが重要です。企業は存続のために毎年成長することを求められるわけですから、働き手のわれわれもそれに伴って去年よりも今年、今年よりも来年と成長していくことが求められます。たとえば、「働く時間」でいうと、稼働時間を短くすることはあくまでもファーストステップであり、その浮いた時間をどのように役立てるかが重要になってきます。

まずステップ①として、既存のビジネスにかけている時間の中で、利益に大きく貢献していて効率化できないコア業務と、効率化できる定型業務を「棚卸し」します。次にステップ

②として、定型業務をITやアウトソースなどで徹底的に「圧縮」します。ここでは「やめる業務を決めること」が最も効果が高いです。成果につながり人間にしかできない業務にかける時間をステップ③として「拡大」します。

多くの企業は、このステップ③で終えてしまいます。定型業務の削減とコア業務の拡大までで改善を終えてしまうのです。しかし、本質的な価値を生むためには、ステップ②によって生み出された時間を、ステップ④として未来に必要な時間に再配置するのです。未来に必要な時間は「新たなビジネスの開発」と「新たなスキル習得」です。この2つは、利益の向上に貢献します。新規ビジネスは純利益を生みます。企業でも個人でも新たなスキルが身につけば、自身の成長につながります。労働時間が減ったのに、利益が上がるという真の改善を実現するには、ステップ④までやり遂げないといけないのです（次ページの図参照）。

■時短ではなく、「時間」を生み出すイメージ

私はこれまで605社の「働き方の改善」に携わってきましたが、成功している企業はこの未来に必要な時間への再配置をもれなくやっています。クライアント各社で人事評価が上位5％のエース級社員の行動と思考を調査しましたが、彼らは時間を削るのではなく、

「働き方の改善」は、時間の再配置

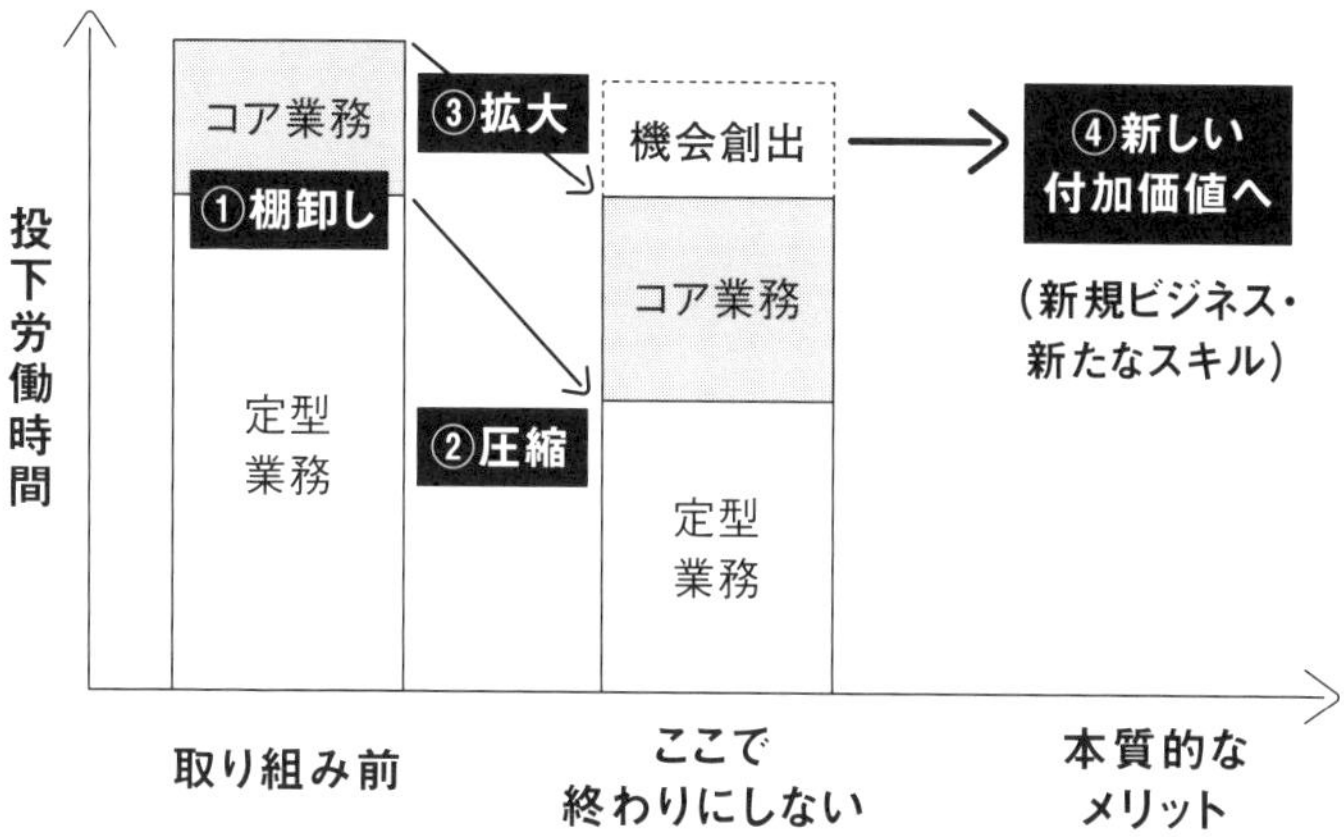

「時間を生み出す」というイメージで、未来に向けて投資していることがわかりました。

今のビジネスに必要な仕事はできる限り最短距離で終えて、未来に必要なスキルや新たなビジネスモデル作りに時間を再配置していくのです。

このような未来志向は、現場の課題を見つめ直し、改善していこうというモチベーションにもつながっていきます。

実際に、「3年後のビジョンを理解しているグループA」と、「目の前の仕事に追われているグループB」を比較調査すると、目標の達成率はグループAのほうが高く、その達成率は30ポイントも乖離がありました。また、グループAはグループBに比べて、病欠の発生率も11％ポイント低かったのです。

未来に向けたプラスの思考を持つことによって、「現在の当たり前を疑い、やめるべきものをやめるということにつながる」ということもわかりました。

ですから、労働時間を削減するというネガティブな発想ではなく、**未来に必要な時間を捻出するために今のビジネスにかけている時間を短くする、というポジティブな発想にするのです**。すると、今まで自分がやってきたことの「ムダ」をさらに削って重要なことに集中しようという意識に変わります。

今のビジネスにかけている時間をダイエットすれば、時間あたりの生産性は上がりますが、それだけでは未来に向かって成長できません。ダイエットで生み出した時間を未来への投資に使い、時間が減っても利益が上がるという「事業生産性」の向上を目指していくのです。

「ぜい肉」を削って時間を生み出し、未来に必要な「筋肉」の育成に再配置する

「筋肉時間」を増やして、すべきこと

■「筋肉時間」がなければ意味がない

せっかく「振り返り」の時間を設け、使っている時間を「可視化」し、ムダな作業を削減しても、また「ぜい肉時間」が増えていってしまうというケースは少なくありません。ダイエットのリバウンドのように、それでは意味がありません。

まず、今後行う作業は、必ずそれが「ぜい肉」なのか「筋肉」となる時間なのかを意識して行うようにしてください。ムダな「ぜい肉時間」を減らして「生み出した時間」で、利益や未来に向けた成長に寄与する「筋肉時間」にあてましょう。

ここでいう**「筋肉」とは、アウトプットを生み出す原動力となるものです。**「筋肉時間」を、自分が持っている軸をずらして、できることの幅を広げるためのスキルアップにあてるのも良いでしょう。営業ならばマーケティング手法について勉強したり、製造業のエンジニアが流通業のトレーサビリティ（生産履歴の追跡）について勉強したりするようにです。

これまでの強みである自分の軸を守ることも必要ですが、そこだけにこだわると、未来は危うくなります。変化に対応するためには、他の軸を増やしていく必要があるのです。

もちろん、会社の中では「やらなくてはいけないこと（Must）」もありますから、必ずしもすべてが筋肉になることはありえません。ただし、自分にとって未来につながること、もしくは今後市場で必要になることについては先んじて能力を高めていきます。これが未来の選択肢を生み出す「筋肉」になるのです。

たとえば、「計算の速さ」は高いスキルに思われるかもしれませんが、はっきりいってしまうと、筋肉ではなく、ぜい肉的なスキルです。現代では、計算自体は人間がやるべきではなく、何のために何を計算するのかという設計を人間がやらなくてはいけないからです。

また、ExcelやPowerPointの作業スキルも筋肉になりづらい能力です。ＲＰＡやＡＩによって自動化が進むでしょうから、人間が時間をかけてじっくり取り組むべきものではありません。むしろExcelやPowerPointを使わなくて済むように業務を設計したり、完成した資料をもとにどのように人を巻き込んでビジネスにつなげていったりする「設計

（デザイン）力」や「交渉力」を磨くべきです。

では、このような「設計（デザイン）力」や「交渉力」といった筋肉になりうるスキルは、どのように身につけるかというと、ずばり「人との交流」を通してです。

社内外の自分と異なるスキルを持っている人や苦手な人と積極的にランチなどで会話をするのです。これは「交渉力」を鍛える絶好の機会になり、仮に失敗してもそれほど痛手を負いません。毎日仲良しグループで食事をしているだけでは、心地良さを感じるものの、変化や情報に疎くなってしまい、自己成長する機会を逸してしまいます。

「設計（デザイン）力」や「交渉力」は、実践を通して改善していくことで、身についていくものです。

ただし、目的をもとに、最適な鍛える手段を選べると良いのですが、日常にそのような機会はなかなか訪れません。実践の機会がない場合は、仮説でも構わないので、「目標」を特定してその手段にはどういったものがあるかを手書きでマインドマップなどを描いていくのが良いでしょう。

■「ツリー・マネジメント」という目標達成ツール

私は「ツリー・マネジメント」という手法を用いて、「大目標」に対してそれを達成す

「ツリー・マネジメント」のイメージ

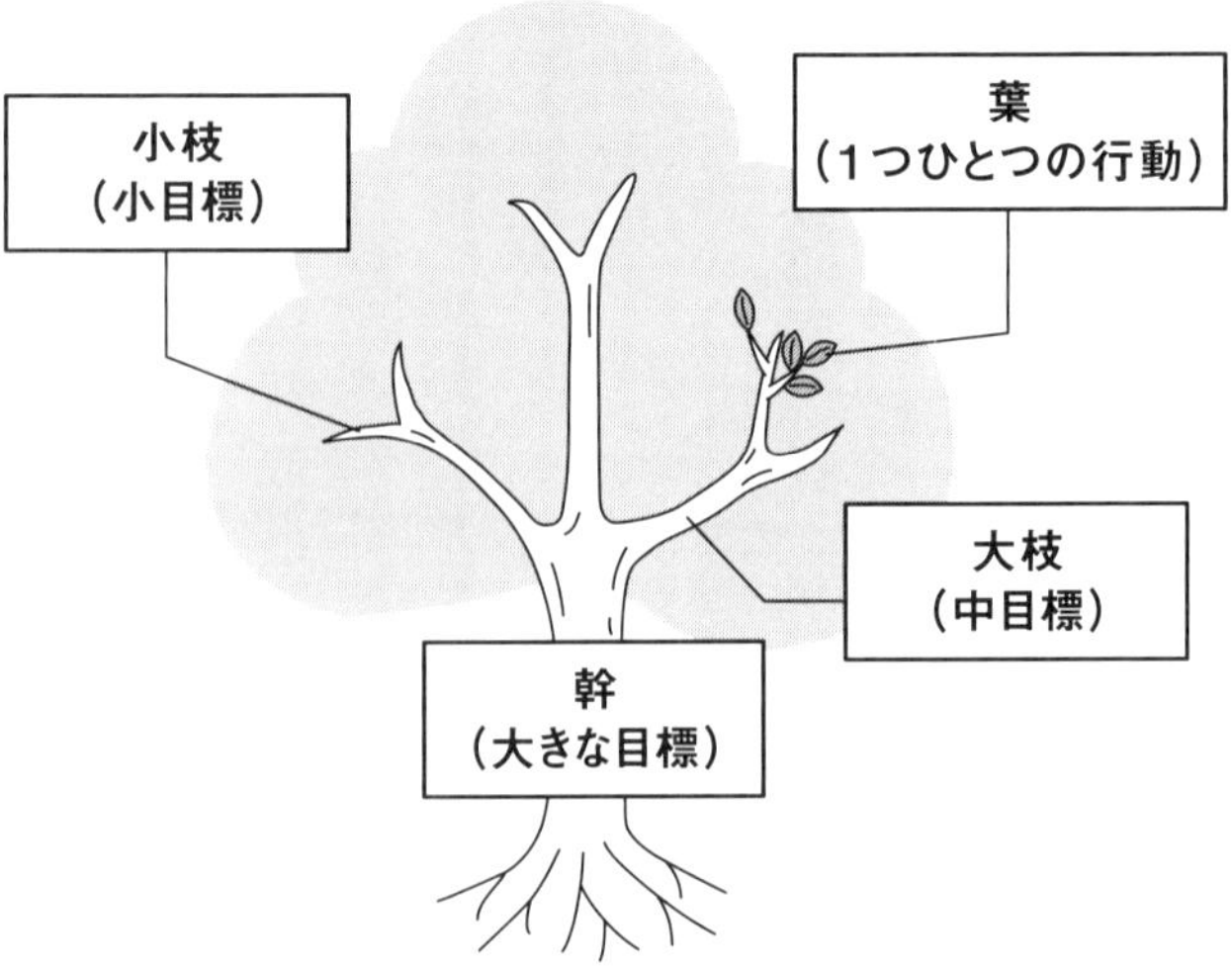

るのに必要な「中目標」、そしてそれを達成するのに必要な「小目標」を設定し、さらに目標を達成するための具体的な行動を葉として書き出していきます。

その葉に書いた具体的なアクションを1つずつつぶすことによって、「小目標」が「中目標」につながり、結果的に「大目標」を達成するという流れを見渡すのです。

また、その木を育てるためには意識や心構えといったものが必要なので、それを根っことして幹の下に記していきます。そうすると目的に向かって枝が伸びていくこと、根っこが伸びていくことがわかるので、「全体が目標に向かって伸びているかを見渡す力」、つまり「設計（デザイン）力」が身につけられるわけです。

人生に与えられた時間は有限です。過去は過去。過ぎ去った時間は取り戻せません。未来もまた未来に時間旅行できる人など存在しません。しかし、「ツリー・マネジメント」によって、将来の成功のために「今日、何を、どのように行うか」を決められるのです。人生という長い時間も、分割して目標設定をし、プロセス管理をすれば、行動する人に変身できます。

こういった目標と実際の行動、その行動の結果を周囲に見せていくことはリモートワークでも役立ちます。「あいつはサボっている」という不要な疑惑をかけられず、上司からの細かい管理から逃れられます。

目の前の仕事を漫然とこなすだけでは、決して自分の価値が上がることはなく、下手をすればどんどん進化するテクノロジーに取って代わられてしまいます。そうなると、自らの価値指標の1つとなる「時給」を上げていくどころか、他部署への異動を命ぜられたり、職を失ったりすることになります。

「どのようなスキルを身につけるべきか」に加えて、「どんな経験をしておいたほうが将来の利益や稼ぎにつながるか」も考えてみてください。そうすることで、『7つの習慣』（キングベアー出版）の時間管理のポイントでもいわれている「重要度が低いこと」よりも、「重要度が高く緊急度が低いこと」に時間を費やすことができるようになります。また、もっといえば「重要度も緊急度も低いこと」には目を向けないようになります。

目標や戦略を思い描いて脳裏にイメージしていくことで、潜在意識に叩き込むことができます。そして、日々の判断や行動に影響を与え、その実現に向けておのずと思考に、行動に反映されていきます。

「大目標」の達成に向けた仕事が筋肉となる

「作業脳」と「創造脳」は意識して使い分ける

■効果的な脳の使い方

ここで、より時間を効率的、効果的に使うべく「仕事の成果」と「脳」の特性について見ていきましょう。

まず、脳は大きく大脳、脳幹、小脳の3つから構成されています。大脳には、思考と行動をコントロールする「前頭葉」、感覚や知覚を司る「頭頂葉」、聴覚や記憶を司る「側頭葉」、視覚を司る「後頭葉」の4つのパーツがあります。大脳の中の30％を占める「前頭葉」の中の「前頭前野」は、考えたり、記憶したり、感情を制御したりする役割を担っています。この「前頭前野」の働きをうまく使うことで、仕事の作業効率を高めることができます。

「前頭前野」は、仕事で集中力が必要なときに働く、「ワーキングメモリ（作業記憶）」の

ポイントは、前頭前野のワーキングメモリ

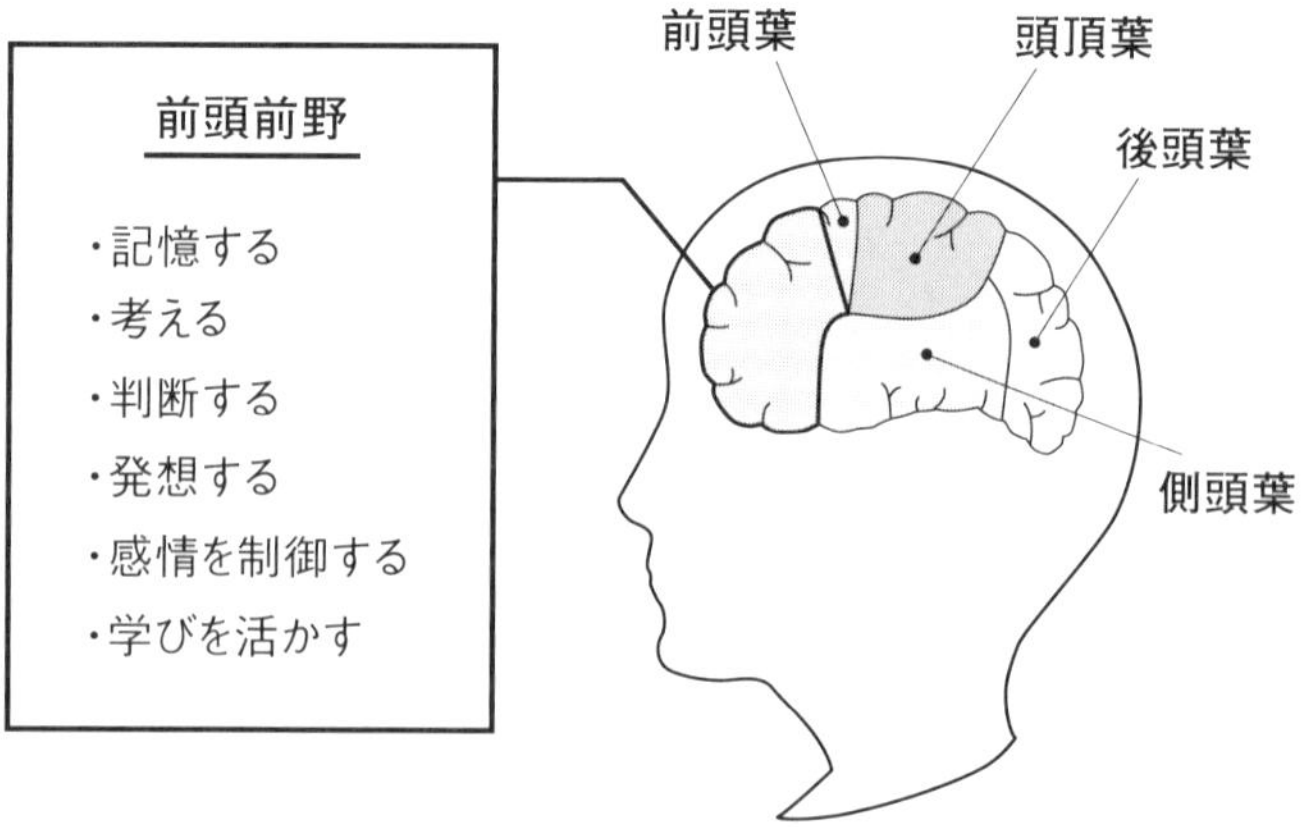

機能を持っています。しかし、このワーキングメモリは容量が決まっており、それを超えると機能が著しく低下します。したがって、**仕事に集中してパフォーマンスを高めるためには、ワーキングメモリの容量内で「前頭前野」を最大限に使いこなすことが必要になってきます。**

また、「前頭前野」には、同じ刺激を与え続けていると硬直化する、という特性があります。これを避けるには、何らかの外部からの刺激によって、使う部位を変えていく必要があります。

ですから、「前頭前野」を使って考えたり集中したりすると、どんどん脳が硬直化してしまいますので、適度に休憩を入れてリラックスした状態にしてあげたほうが硬

直化を避け、思考と集中のパフォーマンスを回復させることができます。

■仕事の区切りは「45分1セット」

2万人による実証実験で、考えごとや発言をする際には、45分に1回は休憩を入れたほうがパフォーマンスが高くなることがわかっています。会議時間を60分ではなく、45分にしたところ、発言数は増え時間通りに終わる確率が高まりました。

また、Slackなどで資料作成などの共同作業をする際も45分1セットにしたほうが、結果として短い時間で完成させることができました。この書籍の執筆も、キッチンタイマーを横に置いて、45分作業・15分休憩のサイクルで作業を進めていました。

■脳の機能はタイムリミット13時間

起床してから13時間程度が経過すると、脳の機能は急激に低下します。6時に起床したなら、夜19時までです。それ以降の残業は非効率といえます。

タイムリミットの視点からいうと、**集中すべき仕事、難しい案件、重要な意思決定など脳に対する負荷の高いものは、脳が元気な午前中に行うのがベストで、19時以降の残業はパフォーマンスが下がると理解しておいたほうが良いでしょう。**

■クリエイティブな企画を出すのは夕方以降に

脳が疲れたほうが、脳機能が活性化する傾向もあります。思考や集中をコントロールしている「前頭前野」は16時ぐらいから疲れ始めて機能が低下していきます。一方で、感覚を司る「頭頂葉」は「前頭前野」が疲れ始めてから機能が高まりますので、**創造的なアイデアを出すなら16時~20時くらいが理想的です。**

このように、脳の特性を理解し、集中が必要な作業は午前中にして、お昼明けは眠くなるので軽い作業を行い、新しい企画を発想するのは夕方にするほうが成果は出しやすくなります。

集中が必要な仕事は午前中に、創造的な活動は夕方に

「作業充実感」と「目標達成感」はまったく別モノ

■「作業充実感」に浸るのは危険

パソコンの周りに貼った付箋紙の「TO DOリスト」は、いつしかそこにある1つひとつの仕事を終えることが目的となってしまいがちです。1つひとつの作業が終わってその付箋紙を剥がすことに達成感を得るべく、どうしても目の前の仕事を終わらせることに必死になってしまいます。実際に16万人を対象にした調査をしたところ、「資料が完成すると満たされた気分になる」と答える社員は89%いました。

さらに、「どういったことに作業充実感を持つのか」も追加調査しました。ダントツでトップだったのは資料作成でした。中でもPowerPointとExcelによる資料作成と答える人は60%を超えました。私はマイクロソフトで両方の責任者をしていたので耳が痛いですが、機能が増えてできることが増えると、やり過ぎの資料を作成してしまうようです。

資料を完成させて充実感に浸って終わり、ではいけません。作業が期日までに終わったことに対して満足するのはかまいませんが、本来の目的はその先にあるのです。その苦労して作成した資料がどのような成果を生んだのか。顧客向けの提案書であれば、契約を締結できたのかどうか。社内で共有した資料であれば、それが他のメンバーにどれだけ閲覧され、どのように活用されたのか。この資料作成後の追跡と振り返りがないと、資料作成に時間をかけたことが正しかったのかどうかがわからないのです。

こんな調査結果もあります。クライアント各社のエース級社員のうち、78％が積極的に他者のフィードバックを得ていました。それに対して、作業充実感に浸る社員は、他者から意見をもらうことの必要性をあまり感じておらず、フィードバックをもらおうとしませんでした。

客観的な評価によって自らを変えていくこと、そして自らの振り返りである「内省」によって行動を変えていくこと、この両輪が組み合わさってこそ個人の「働き方の改善」は進んでいくのです。

■大切にすべきは「達成感」

また、クライアント企業の社員総計16万人に対して実施したアンケートでは、突出した成果を残す各社エース級社員が感じていたのは、解放感ではなく「達成感」であることが判明しました。彼らは、仕事から解放されることの喜びではなく、「達成」を目指しそれを感じたときに「幸せ」を感じています。彼らは「改善」と「成長」を目指しており、それに向けて仕事をしているという感覚を持っています。仕事をすること自体が目的ではなく、その仕事によって生まれた「成果」を重視しています。ですから、作業が終わった瞬間ではなく、その作業が「成果」につながったときに「達成感」を得るのです。

このことを組織全体に浸透させるには、**シンプルに目的志向を徹底するのが効果的です。**「その仕事は何のためにやっているのか?」「その仕事は何をもって成功とするのか?」――この2つの質問を常に問い続けて作業を進めてください。

クライアント企業8社で行った行動実験では、「目的を明確にして作業をスタートしたグループA」と「目的が不明瞭なまま作業をスタートしたグループB」では、明らかに成果に差が出ました。実験をした8社とも、「目的を明確にしたグループA」のほうが作業時間は12%短く、アウトプットの質は相対的に高かったのです。

高い報酬を得ることだけを働く目的にするビジネスパーソンは年々減っています。2017年1月に5715名に対して行った調査では、「転職する際に給与報酬を最優先に会社を決めている」と答えたのは43%とダントツで1位でした。約3年後の2019年12月に同じ調査を8905名に行ったところ、「給与報酬を最優先に決めている」と答えたのは34%と9ポイントも落ちたのです。

一方、「やりがい、働きがいを最優先に転職先を決める」と答えたビジネスパーソンは18%（2017年）から26%（2019年）と8ポイントもアップしています。

自分がその仕事をやりたい、自分がその仕事をやることに価値があるというポジティブな感情が心に宿ると、市場や環境の変化を恐怖ではなく挑戦の対象ととらえるようになります。

「目的」志向を浸透させ、「達成感」を重視すると働きがいも作業効率もアップする

#「何時間働いたか」ではなく、「どれだけ課題を解決できたか」

■成果は「時間」ではなく、「解決できたかどうか」で測るべき

働く時間を短くしながら、質を高めていくには、「成果の尺度」が重要です。

新型コロナウイルスの影響で、リモートワークを強制されたビジネスパーソンも少なくないでしょう。このような「働き方」を変えるタイミングは、自分自身の「働き方」を見直すきっかけになります。今回のリモートワークの爆発的普及によって、「会社に出勤すること＝仕事」ではないことに気づいたでしょう。働く場所にかかわらず、自らの能力を発揮して成果を残す必要があることに気づいた人も多いのではないでしょうか。

「成果を出す働き方」では、働いた時間や苦労をアピールするだけでは、社内の評価も市場価値も上がりません。**働いたことによって残した成果や、顧客の課題を解決するなどの価値を提供していく必要があります。**

■個人が目指すべきは「働き方改革」ではなく、「稼ぎ方改革」

さらにいえば、私は企業の「働き方の改善」を支援していますが、個人が目指すべきは「働き方改革」ではなく、「稼ぎ方改革」だと考えています。すなわち、**どうやったら「時間単価」が上がっていくかを考えるのです。**

具体的にどうやって時間単価を上げていくかというと、2つのパターンしかありません。1つは「労働を提供することによって、報酬をもらうこと」。もう1つは「価値を提供することによって、報酬をもらうこと」(本書のおすすめはこちら)です。

有限の時間とお金を何にかけてきたかということを振り返れば、自分の「強み」がわかります。自分がこれまで解決したことのある課題で、もし他の人が悩んでいることがあれば、その解決方法を教えることができます。その相手にとっては、最短距離で課題解決ができるわけですから、その知見に対して価値を感じてお金を払います。

ただし、その解決策は再現性があり、相手にこの解決策をやってみようと思わせるものでなくてはいけません。そのためには、**「自分が同じ課題を先に解決したこと」**、そして最後に**「相手の背中を押してあげること」**の3つの要素が必要です。これらがそろえば、アドバイスしている時間に対してではなく、相手の課題を解決したという価値に対してお金を払ってくれますので、大幅な時間単価のアップにつながります。

この再現性のある解決策をいくつも持つことによって、解決できる課題の幅が広がります。そのターゲットを広げることによって、時間単価を押し上げることができます。そしてさらに、その課題解決がユニークであればあるほど、時間単価のアップにつながります。

この軸を複数持つことで、より多くの「自己選択権（複数の選択肢から自分の意志で選択できる権利）」を持つことができます。それによって、自分の心も疲れずに仕事に取り組むことができ、より成果を上げやすい環境も整っていきます。

ＡＩは、ビッグデータによって未来を予測する能力に長けています。データがより多く蓄積されればされるほど賢くなり、予測精度が高まります。より多様で、より多くのデータを集めることができる企業が、他社よりも優れた予測ができるわけです。未来のアドバイスをするケースでは、人でも同じことがいえます。より多くより多様な希少性の高い経験をすれば、市場価値が高まります。

たとえば、弁護士はたくさんいますが、YouTuberとして質問対応ができて効果的に動画配信できる人はごくわずかです。日本では久保田康介弁護士がYouTubeチャンネルを開設し、チャンネル登録者数は20万人を超え、中には再生回数が１０００万回を超える動画もあります（２０２０年7月時点）。

成功のパターンを見つけ出そうとするというよりは、行動の履歴と結果をビッグデータとして蓄えていく感覚で、トライ&エラーを多く積み重ねるのです。そこで得た学びを次の行動に活かしていけば、行動は改善されていき、価値を生み出し、確実に自分の目標に近づいていきます。

「再現性のある課題解決力」があなたの時間単価をアップさせる

すぐに効果は出なくても、長期的に大切な「筋肉時間」

■長期的な成果は「休養」と「教養」が肝心

すぐに効果は表れないかもしれないですが、人生を支える長期的な「筋肉」となるのが「教養」です。

日本で初めて週休2日を浸透させたのは、松下電器（現パナソニック）の創業者である松下幸之助さんです。松下幸之助さんが推奨していたのは、2日の休みのうち1日を「休養」に、もう1日を「教養」にあてるということでした。

目の前の仕事に追われ、教養の時間がとれていない人は多いのではないでしょうか。ムダな時間を削減し、教養の時間を確保することも大切です。私が「週休3日」にこだわっているのも、「インプット（＝教養）の時間」を増やすためでもあります。本業のアウトプット（講演や研修、コンサル）の質を上げるには、インプットが必須だからです。

私は今、大学で教鞭をとっていますが、同時に、自分が学ぶためにビジネススクールや勉強会、セミナーに足を運んでいます。教養を深めるためには読書も不可欠で、週に7冊以上のビジネス書や専門書を読むようにしています。

おかげで、解決できる課題の幅は広がり、前職のマイクロソフトにいたときよりも働く時間は減り、収入は増え続けています。

■「異質」を集めて、イノベーションの種まきをする

「時間」を提供するのではなく、「価値」を提供するという話をしましたが、新たな価値はイノベーションから生まれます。イノベーションの生みの親である経済学者のシュンペーターは「既存の要素の〝新結合〟が変革をもたらす」と述べました。既存の異質な要素がかけ合わさって化学反応が起き、思いもつかなかったことが実現するのがイノベーションです。

異質なかけ合わせによってイノベーションが起こるというのは、人間関係でも同様です。イノベーションを起こす要素となる「異質な人たち」とのつながりが重要になっていきます。社内で組織を超えて、また社外でも〝新結合〟ができれば、画期的な解決策が生

まれる可能性が高まります。これは「筋肉」となる人脈ともいえます。「筋肉」となりうる人脈は、決してTwitterのフォロワー数や、Facebookの友達の数、交換した名刺の数で表現されるものではなく、実際に腹を割って話ができ、お互いの強みや弱みを見せ合える「つながり」です。

自分が苦手なことも、相手の「強み」を借りながら自分の弱みを補うことで、「チーム力」を発揮できます。逆に、その人の苦手なタスクをこちらでやってあげれば、1＋1が2ではなく、3や4になります。異質な人脈は相互補完し合うのです。

異質なメンバーが持つ多様な知見やスキル、経験を即座に組み合わせて、スピード感を持って顧客の課題を解決できれば、競合優位性は高まり、価格競争から一歩抜け出ることになります。

複雑な課題をスピード感をもって解決するには、組織を超えたプロジェクトを組成し、各メンバーの得意・不得意をかけ合わせていきます。**イメージは、ハリウッド映画の『アベンジャーズ』のようなチームです。空を飛ぶ人、火を吹く人、力強い人、頭脳明晰な人……、そういう人たちが集まってお客様の複雑な課題を、スピード感を持って解決することが求められているのです。**

このような異質な人脈は社内外で構築できます。社内では、別部署・別ミッションの人たちと積極的に接点を持ちましょう。とくに、会議などで意見や視点が異なる人がいたらチャンスです。ぜひランチやカフェに誘って、異質な人脈作りに挑戦してみてください。社外であれば、自分の得意分野ではなく、苦手だけど身につけたいスキルの無償セミナーなどに参加してみてはいかがでしょう。

私は文章を書くのが苦手だったので、ライティング講座に参加しました。その会場で隣に座っていたフリーランスのライターの方と意気投合し、彼から論理的な文章の組み立て方を教えてもらい、私は代わりにPowerPointの使い方を教えました。のちに、彼にクロスリバー社に参画してもらい、ともにクライアント企業の新規ビジネスの開発を支援しています。

異なるスキルを磨き、異質の人脈を築いて未来に向かって投資をする

第 3 章

どうすれば、働く時間を減らしても成果を出し続けられるのか?

More with Less

時間泥棒を探せ

■仕事における三大「時間泥棒」

クライアント企業28社16万人に対する調査で、「1週間の稼働のうち何に時間を費やしているか」を調べたところ、業種業態や社員数にかかわらず、**社内会議と資料作成、メール処理の3つの作業に7割近くの時間を費やしていることがわかりました。**具体的には、43%が社内会議、14%が資料作成、11%がメールのやりとり、ということでした。

とりわけ時間のダイエットができる可能性が高いのがこの3つで、各社で「会議改革」「資料作成のルール化」「脱メール（チャットへの移行）」を推進し、実際に時間の圧縮に成功しています。

では、それぞれの傾向と対策について、見ていきましょう。

社員はどのようなことに時間を奪われるのか

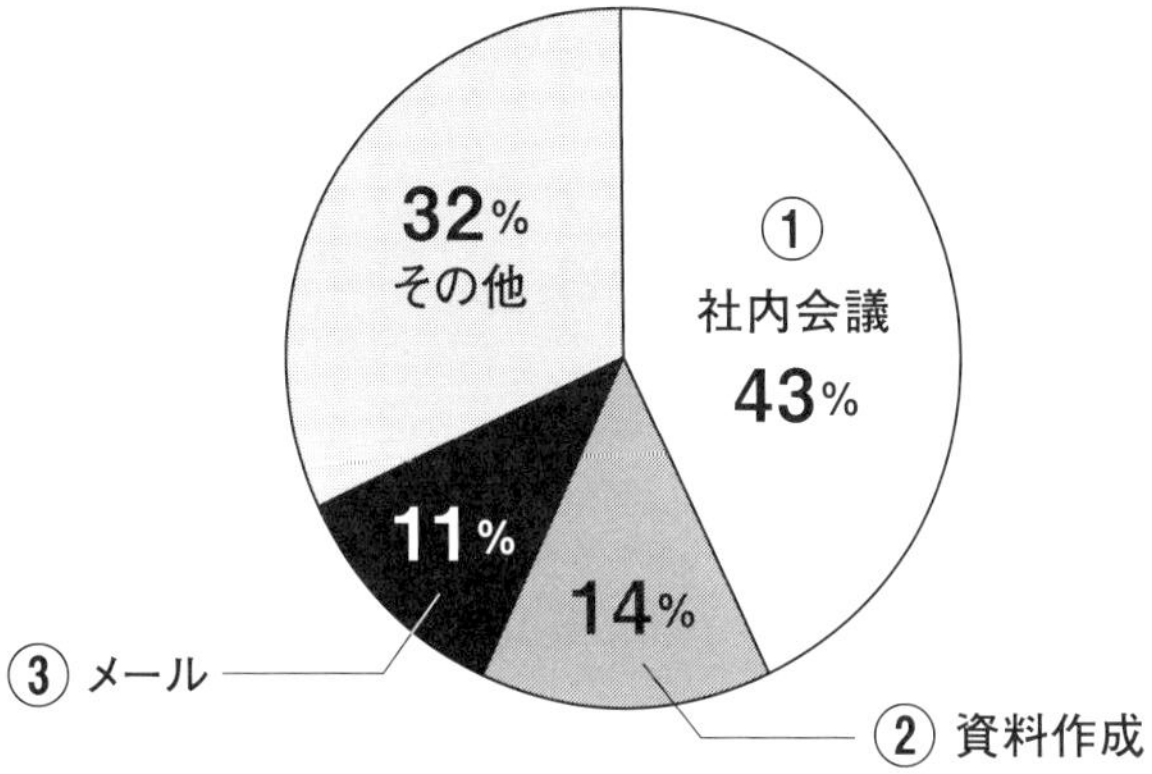

社内会議が多い理由としては、意思決定のプロセスが多重で、会議のための会議をするなどというケースもありました。意見が出ない会議、アジェンダが決まっていない会議などのためにも時間を浪費していました。

また、多くの会議のために大量の資料が作成されています。内容ではなく作成枚数で上司にアピールする社員や、派手で豪華なグラフを作って自慢気になっている残念な社員を何度も見てきました。

そして、メールの処理です。毎年8%ずつ増えている受信メールの処理に追われ、メールがメールを呼んで大量の社内メールで埋もれていっています。

■ **メールの検索で90時間**

2・5万人に対して追加調査をしたところ、メール作業中にファイルを探す時間が思っていた以上に多いことがわかりました。**なんとメールソフト上で資料を探している時間が1週間で平均61分もあったのです。**

とくに、社内のメールに添付されているファイルを探していることもわかりました。社内で複数名が関わって資料を作成する場合、メールに添付して共有していて、そのバージョン管理は、ファイル名で行われているのです。「提案書v1」とか「提案書v2」、「提案書semi-final_v2」「提案書final_v3」といった感じです。古いバージョンに更新してしまい編集履歴を追うことに時間がかかったり、最新版を探すことに時間がかかったりしていました。

ファイルを探す時間をなくし、バージョンを間違える混乱を避けるには、ファイル自体をメールの添付で送るのではなく、そのファイルをクラウドサービスに置いて、その置き場所であるURLをメンバーで共有するようにしましょう。1つのファイルで管理するので、多数のメンバーが更新をかけても履歴は残りますし、元のバージョンに戻すことも容易です。このクラウド共有は、メールでもチャットでも必須の使い方です。

また、別の調査では、**人を探すことにも時間を奪われていることがわかりました。**とくに大企業では、他部署の人を探すことに時間をかけていました。社員数が1000名以上の大企業57社にヒアリングしたところ、「社内の人を探す時間を短くしたい」と答える社員が68％もいました。「この案件に関わっている人は誰か」といった他部署の人を探すケースは想像以上に多いようです。

さらに、この57社では、メールで人を探す時間が週に約43分もありました。つまり、**年に37時間も社内の人を探しているのです。**「この人だろう」とあてをつけて確認のメールを送り、それが正しいかどうかは返答を待つしかありません。待ち時間が増え、「メール見ていますか」という世界一ムダなメールを送ったり、不在の相手に電話をかけたりという非効率の連鎖が広がります。

さきほどのメールの添付ファイルなどの情報を探す時間と合わせると、メールの中だけで年に90時間も探していることになります。短時間で確実に他部署の人を探すには、まず相手の属性と状況を確認してから連絡をとってください。リモートワークであれば、なおさら人も情報も探し出しにくくなりますので、社内メールでのコミュニケーションは卒業し、ビジネスチャット（詳しくは後述）を活用しましょう。

さらに追加調査で、メール以外にも、「過去の売上データを探したいのだけれど、保存先が複数あって見つからない」「印刷した資料の保存先が思い出せない」「書棚にある資料を探すのに2時間かかった」といった声が続出しました。これらは資料のデータ化、つまりペーパーパーレスが進んでいないことが原因です。重要度は高いのに緊急度が低くて、ペーパーレス化に手をつけることができなかったために、膨大なムダな時間を費やすことになっているのです。

さきほどのメールと合わせると、多くの社員が年間で約150時間も何かしらを「探している」という衝撃の事実がわかりました。そうやって生産性の低い行為に自分の時間が奪われていることに気づかないと、いつまで経っても労働時間の削減も、成果を残すこともできません。今の「当たり前の仕事」を疑うことから改善は始まるのです。

漫然と仕事をしていたら時間はどんどん奪われる。「会議」と「メール」の見通しでムダな時間が減る

週にたった15分の「内省」で世界が変わる

■「振り返り」の時間によって、突出した成果を出す

これまで、さまざまなクライアント企業を見て、突出した成果を出すハイパフォーマーは12%の成功企業と同様に、自分の行動を「振り返る習慣」を持っています。弊社の調査では、各社のエース級社員は、そうでない社員に対して「振り返る時間」をとる人の率が8倍にのぼりました。「内省」を定期的に行い、そこで得た気づきや学びを次の行動に活かすのです。

具体的には、少なくとも2週間に1回は自分の仕事内容とその結果を「内省」しており、一般の社員の8倍以上の頻度で「内省」の時間を設けていました。その「内省」の時間は15分程度で、そこから得た反省と学びを次からの行動に活かそうとしているのです。

なぜなら、振り返らないとそれが成功かどうかわからないからです。彼らは「なぜ失敗

したのか？」「その発生原因は何か？」「どうすれば最短距離で成果を残せるようになるか？」ということを考えながら行動を修正し、改善しているのです。

■16万人が「内省」した結果、労働時間が8％減った

ハイパフォーマーが実践している振り返る時間を、「内省タイム」としてクライアント28社16万人に浸透させました。1週間に15分だけ「内省タイム」を作るのです。

最初は抵抗する社員もいましたが、二度、三度と続けていくと、そうした社員からも「あれは思っていた以上に良かった」という感想が聞けました。実際に、この「内省タイム」を2か月間実施したところ、平均で8％以上の労働時間が減り、コミュニケーションやスキルアップの時間に割り振ることができました。

■「内省タイム」で生まれた改善による成果

さらに、「内省タイム」を週に1回15分設けたことで、現場の社員たちが自主的に改善策を考えて、実行するようになりました。次は、現場から出た改善策の例です。

1　メール見ていますか撲滅プロジェクト

・課題

メールを見ていない人に「メール見ていますか」とムダなメールを送り、待ち時間が長くなり残業につながるケースもあった。メール受信側は大量のメールの中で緊急度の高い案件を見逃してしまうことが多かった。

・改善策

組織でビジネスチャットを導入。相手のプレゼンス（在席情報）を確認してから、メールやチャット、電話などの最適なコミュニケーション手段で連絡をとるようにした。

・成果

メールだけのときよりも社内コミュニケーションが40％以上早く完結するようになった。

2 フィードフォワード

・課題

資料を作っても、差し戻されることが多く、長時間労働につながっていた。

・**改善策**

完成度20％の段階で提出先に見せて、先に意見（フィードフォワード）をもらうようにした。

・**成果**

差し戻しされることが67％減った。

3　手書きスタート（※詳しくは後述）

・**課題**

時間をかけてPowerPointの資料を作成しても、契約率や社内稟議にインパクトを与えることが少なかった。

・**解決**

いきなりパソコンを立ち上げるのではなく、提出先の相手をどう口説くかメモをとり、資料のストーリーを先に書いてから、パソコンで清書するようにした。

・成果

資料作成時間が20％減り、案件の成約率は22％アップした。

振り返って考えることにより、失敗を成功の材料に変換することができます。こういった反省や学びを次の行動に活かすという「修正力」によって、変化に適応できるのです。

「振り返る」ことで失敗を学びに変える。
「内省」なくして成長なし

レジリエンスが高い人は「自分コントロール型」
——外円と内円がわかれば、ストレスと距離を置ける

■「折れない強さ」は後天的に身につけられる

変化の激しい時代、ビジネスパーソンに求められる能力として、「レジリエンス」への注目度が増しています。「レジリエンス」とは「逆境に負けない力」「折れないこころ」という意味で、ゴムのように伸びても元に戻る「弾力性」とも訳されます。ストレスともうまく付き合える「レジリエンスの高い人」は、「人生は、自分の力でコントロールできる」ととらえている傾向があるようです。

「レジリエンスの高い人」は、他責にせずに「自分」を軸に考えます。苦しい状況に遭遇しても、環境や他人のせいにしたり不平・不満を口にしたりしません。自分が被害者だとアピールすることで周囲から同情されるとしても、それは現実の困難な状況から抜け出すことにはつながらないことをわかっています。

また、「レジリエンスの高い人」は、冷静かつ全体的に状況を把握しようと努め、自分でコントロールできることを見つけます。**自分を主語にして「何を、どうしたら状況を打開できるか」、もしくは「何を、どうしたらマイナスのインパクトを軽減できるか」を考えて行動します。**すぐに状況を一変させるようなことができなくても、外部環境からの影響を最小化することを考えます。たとえば、自然災害が起きないようにすることは自分の力で制御できませんが、自然災害が起きる前提で、自らのできる範囲で被害を最小化すること（減災）は可能なようにです。

私たちが働くときには、自分でコントロールできる領域と、できない領域があります。次ページの図の通り、自分でコントロールできる領域が「内円」、自分でコントロールできない領域が「外円」です。自分がコントロールできない「外円」にいくらエネルギーを注いでも見返りがないのでストレスが溜まります。「外円」に時間をかけて頑張っても報われないことを割り切って理解しないといけません。短い時間で成果を出し続ける人は、自分でどうにかできる「内円」にフォーカスし、そこに注力しています。

上司や評価、労働環境といったものでは、外円と内円が重なります。私が、このことに気づいたのはベンチャー企業に在籍していたときのことです。当時はがむしゃらに働いて

自分でコントロールできないこと、できること

外円

自分でコントロールできないエリア

・会社組織　・人事　・会社のルール

内円

自分でコントロールできるエリア

・コミュニケーション力
・ITを使った業務スキル
・24時間の使い方
・結果へのショートカット

いましたが、あるとき「自分の力で変えられること」と「変えられないこと」があると気づいたのです。たとえば、目の前にある仕事は自分が頑張れば頑張るほど早く終わり、質も高くなります。しかし、いくら一生懸命に考えて作った企画書でも、会議で決裁者が「ＮＯ」といったら、まずはその結果を受け入れるしかありません。

それからは、いつもこのような図を頭の隅に置いて、外円を意識したうえで、内円の自分でコントロールできる領域で、最もインパクトを残すことに注力

してきました。

その結果として、自由と責任の幅が広がり、より大きな成果を残せるようになりました。自由と責任が与えられたことで、私自身は働きがいを感じられているし、それが部下や顧客、会社、そしてひいては経済にも良い影響が与えられるようになるはずです。

内円の大きさは、役職や職責、立場によっても違い、変化もしますが、誰しも内円はあります。内円の中で自分のできることを探し、成果を上げていくのです。すると、社内外で評価されて内円が大きくなり、外円との差が縮まります。（第4章で詳細を説明しますが）人は「自己選択権」があることに幸福を感じるわけですから、その選択肢が多くなる内円の拡大を目指すべきです。

レジリエンスを高めて、内円の中にエネルギーを注ぐ

「コントロールできること」と「コントロールできないこと」を見分ける

■「自分でコントロールできること」に注力する

「内円」と「外円」の関係のように、世の中には、自分でコントロールできることと、できないことがあります。

たとえば、国の法律を自分の意思などで変えることはなかなかできないでしょう。大きな会社であれば、自分が勤める会社の社長の考えを一社員がそうそう変えられないものです。コントロールできないことに不満を感じると、ストレスとなるかもしれませんが、ここに自分が持つ有限の時間とエネルギーをいくら注入しても見返りがありません。

自分が「コントロールできる領域」と「コントロールできない領域」をしっかりと区分して、**「コントロールできる領域」の中で、どのような工夫を自分自身や自分の所属する**

組織の中で実行する。

たとえば、資料の作成や会議のファシリテーションなどは、自分でコントロールできる領域に入ってくるでしょう。そして、自分の資料の作り方や会議の回し方しだいで組織の動きも変わります（ただし、その結果まではコントロールはできません）。

だからこそ、その「自分でコントロールできる内円」をしっかりと改善していくことで、上司にも会社にも認められ、「内円」がより大きくなっていきます。**「自分でコントロールできるエリア」が大きくなるわけですから、「やりたいこと」と「できること」をうまく組み合わせながら成果につなげていくことができるでしょう。**

「内円」のエリアにあるものを自分なりに改善し、振り返ることで、少しずつ自分の影響力を及ぼす範囲を広げることができます。何よりも自分でやりたいことが増えてくると、幸福度が増していきます。課長や部長に出世することよりも、この自分でコントロールできる領域が広がること、そして自己選択権があることのほうが自分の意識を高める要因になるでしょう。

■15%の「コントロールできる時間」の中で振り返る

「コントロールできる領域」では、まず既存の業務の棚卸しをして、その中でどういった工夫や改善ができるかを定期的にしっかり振り返り、次の行動に活かしていくことが重要です。

弊社が行った16万人の調査では、働いている時間のなかで「自分がコントロールできる時間」は、少なくとも15%はあることがわかりました。会社や他人のせいにするのではなく、自分のコントロールできる範囲の中でムダを省いて、「内省」の時間を生み出すのです。いきなり数時間を捻出しようと考えるのではなく、昨日より1つ、仕事を効率化するという感覚を持つことが大切です。自分のコントロールできる領域の中で改善していけば、限られた時間で成果も、評価も、収入も上がっていきます。

コントロールできることを、より良い成果につなげていくには、「PDCAサイクル」を回すことが欠かせません。「PDCA」のうち、どこに時間を費やすかというと「D（Do）」「C（Check）」「A（Action）」です。「P（Plan）」はできる限り少ない時間で行い、何よりもまず動き出すことが大切です。

この「Do」をやったあとに、振り返ること（Check）を忘れてはいけません。「Do」や

「Action」が大事というと、多くの人は「動く」ことを目的とする傾向にありますので、必ず定期的に自分の行動を振り返る習慣を身につけてください。

この「振り返り（内省）」の習慣化によって、行動を起こすことで「意外と良かった」「思っていたよりも成果につながった」という気づきを得ることができます。「Do」の前にどれくらいの期待値を持っているのかを自己認識し、実際に行動を起こしてみたあとのギャップを振り返ることも欠かせません。

目の前の仕事に追われて、あっという間に時間が過ぎてしまうような状況だと、「振り返り」をするのが難しくなるでしょう。ですから、半ば強制的にスケジュールに「内省タイム（振り返る時間）」を入れて、会議や作業などと同様に割りあてて確保します。この「内省タイム」のなかで、どのような反省点があるのか、どのような成果が出たのか、次のアクションにどう活かして改善するかを決め、そこに日付を入れて確実に実行するようにします。

求められる人材になるために、自らコントロールできる範囲から、「実行（D）→チェック（C）→改善（A）」のサイクルをどんどん回していけるようにします。

自分で影響を及ぼすことができる領域で業務の棚卸しを行い、ムダな作業を削ったら、未来の選択肢を創るための時間に再配置してください。この再配置の考え方を理解し、具体的な行動に結びつけるのです。

このように、意識を変えてから行動を変えるのではなく、先に行動を変えて結果的に意識が変わるというほうが成功する確率が高くなります。

「コントロールできる内円」の「内省タイム」で学びを得て、次の行動に活かす

105文字を超えるメールは読まれにくい

■メールは、ボリュームが多いだけで読まれない

クライアント企業16万人の労働時間の使い方を見ると、メールに多くの時間を費やしていることもわかり、メールが働く時間を奪っているともいえるのです。弊社の調査では、社員500名以上の会社において、メールの処理に1日平均2・8時間（うち1・8時間が社内用）、社内会議に同じく3・8時間を費やしていました。

総務省の少し古い統計ですが、10年間でメールの流通量は6倍に跳ね上がっているそうです。年々ふくれ上がる受信メールの数によって、創造的な活動も阻害され、ストレスも溜まっています。非同期ツールであるメールは相手が見たかどうかわからず、反応があるまでの待ち時間はストレスになります。

105文字を超えると頭に入れたくない

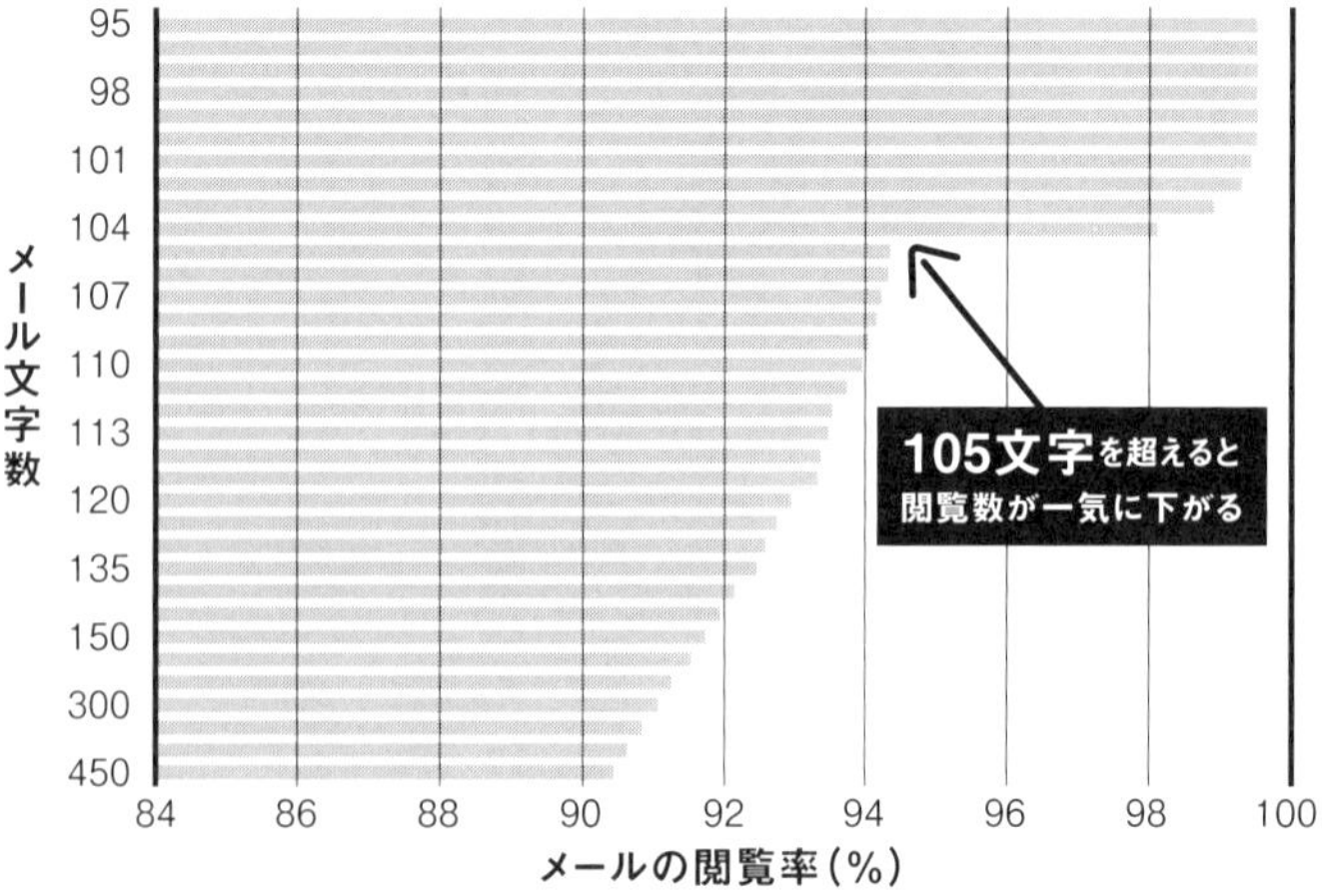

弊社で28社16万人を対象とした調査では、**メールの本文は105文字を超えると閲覧率が下がる傾向にあることも判明しました。**105文字以内で重要なことに絞り、簡潔にまとめたメールが好まれるようです。

重要なことに絞ってコンパクトにまとめるといかに伝わりやすいか、ということを知っておけば、長文メールの作成で時間をムダにすることはありません。

実際に書いてみるとわかりますが、105文字は思っているよりもかなり短いです（次ページ上サンプル参照）。ですから、「いつもお世話になっています」とか、社内のメールなのに「お疲れ様です」といった挨拶や、「第2営業本部　第3グルー

社内向け依頼メールのサンプル

〇〇さん、早速ありがとうございます！　いつも助かります。
来週の役員会で起案しますので 来週水曜15時までに
企画書を完成させます。
役員の承認をとりつけるために、以下の分担表にもとづき
調査データを入力してください。

103文字

プ企画担当の越川です」といった細かい自己紹介は省いてください。

なるべく結論を先に持ってきて、相手に求める具体的なアクションを記載したうえで、目的や背景など重要な点に絞って、相手に情報を効率的に届けましょう。

弊社の調査では、背景や目的を書かずに作業だけ依頼すると、期限内に終わらない割合が1・4倍に増えることもわかりました。こうして発生する待ち時間や作業の遅れは、あなたの自由な時間を奪うのです。

メールの冒頭の内容に興味を示した場合、「詳細は以下をご覧ください」と記載したその後の文章を読むこともわかりました。

さらに詳細の情報を送る必要があれば、105文字以内の文章のあとに2つ段落を開けて記載してお

きましょう。最初の１０５文字で相手の心をつかめば、以降の文章に目を移してくれます。

また、ＣＣによっても社内メールの流通量はふくれ上がります。ＣＣのルールを各部署で決めてください。これだけでメールの送受信が11％減ります。

できる限りメールをやめて、Slack や Teams などのチャットツールを活用しましょう（詳しくは後述）。一度使ってみればわかりますが、こうしたチャットのツール上では時候の挨拶も自然となくなりますので、驚くほどコミュニケーションが円滑になります。相手の状況を確認しながらリアルタイムでのやりとりができれば、仕事のスピードが大幅に増すことになります。

相手に伝わる文章は１０５文字以内。コミュニケーションはチャットツールで

「決めない会議」のために年に70時間奪われている

■「時間を奪う会議」は、なぜ生まれるのか？

弊社で29社16万人の「働き方の改善」を支援しているなかで、どのようなことに時間が費やされているかも調査しています。調べた結果、43％が社内会議に費やされていることがわかったのは先述の通りです。

しかも、ビジネスパーソン7500名を対象にしたアンケートでは、なんと87％が「社内会議を改善すべき」と会議の効率・効果ともに思わしくないという答えだったのです。時間通りに終わらない、アクションが決まらない、部長の独演会が止まらない、といった意見が多数集まりました。

そこで、多くの時間を奪う「ムダな社内会議」を改善すべく、クライアント企業11社の社内会議を総計8000時間以上かけて録画し、分析しました。また、会議終了後にアンケートをとって、うまくいった会議だったかどうかを評価してもらいました。すると、会議がうまくいかない原因も明らかになっていったのです。

■会議の目的は3種類

まず、会議には3種類しかありません。「情報共有」か「意思決定」、そして「アイデア出し」です。

3種類の会議のうち最も評価が低く、効果が出ていなかったのは「情報共有」の会議です。驚くべきことに、「情報共有」の会議の約30％でアジェンダ（議題・目的）が設定されておらず、全員がイスに座ってから「議題のある人？」と聞いている始末です。目的が決まっていなければ、もちろんアウトプットは出ません。とくに「定例会議」がこの傾向にあり、メンバー同士で集まることが目的になっていました。

確かに、チームで共通の目標を達成すべく士気を高めるうえでも、メンバーで集まって議論することも重要です。しかし、こういった単に情報を共有するだけの会議を毎週開催する必要はありません。組織として実行するための意思決定、課題解決のアイデア出しに注力する会議なら意味があるでしょう。しかし、情報共有のためなら、対面の会議はなるべくダイエットすべきです。

■経営会議は、改善の大本命

調査結果から、社員1000名以上の企業では、1時間の経営会議をするのに、現場の社員たちは**平均73時間かけて準備し、その65%は資料の作成に費やされていました。**

本来、経営幹部が集まる会議では、意思決定者が一堂に会しているわけですから、会社の重要事項をこそ決めていくべきです。しかしながら、現状では、10分刻みにアジェンダがセットされて、各部門の代表が情報を共有して終わり、というパターンが圧倒的に多かったのです。

さらに、「頑張ってたくさん資料を作れば評価されるのではないか」という妄想を持つ社員がいると、経営会議での資料の枚数は増えていきます。追加調査をしたところ、作成された資料の40%は経営会議で使われませんでした。ページをめくられることすらない資料も20%以上あり、作成時間はムダだったのです。

こういった経営会議の問題を根本的に解決するには、まず「決める会議」に変えることです。そもそも経営会議のアジェンダの多くが「情報共有」になっており、コストパフォーマンスが低いのです。共有された情報に対して、評論家のように意見を言っても前には進みません。また、批判をするときは対案がないと、ただの愚痴で終わりますので、建設的な会議になりえません。

経営会議には、各部門の意思決定者が出ているわけですから、現場では調整できなかった組織をまたぐ決めごとや、会社の戦略に関わる意思決定をズバズバとスピード感をもって決めていかないと社会や市場の変化に乗り遅れます。評価軸を決めて「GO」か「NOGO」かをしっかり決めることが求められます。

また、**経営会議の資料のフォーマットは統一し、作成のルールを決めましょう**。たとえば、「各アジェンダはA3用紙1枚でフォントサイズは18ポイント以上とする」というルールにすれば、役員も作成者も負荷が減ります。重要な部分が一目瞭然で、忖度して資料を作成する時間が減ります。

「情報共有の会議」を減らし、「決める会議」に変える

生産性を高めるには「会議」を減らし、「会話」を増やす

■「情報共有」は効率的かつ効果的に

「情報共有」だけであればSlackなどのＩＴツールを使えば、目的は達成できます。その「情報共有」に教育・啓蒙が伴うのであれば集まる必要もありますが、すべての「情報共有」の会議がそうではないはずです。

弊社では、「情報共有」の会議をゼロにしました。共有すべき情報はすべてデジタル化して、メンバーがネット上で即座に確認できるようにしています。以前は、オンライン会議で情報共有を行っていましたが、デジタル化しても問題はなく、むしろ会議の時間が減って自由な時間が生み出されました。

「情報共有」の会議では、まずアジェンダが決まっていなければ、目的に沿ったアウト

プットは出ません。もし会議の主催者がアジェンダを事前に設計していたとしても、それが参加者に伝わっていなければ同じく成果は出ません。暗闇の山道で、地図も懐中電灯も持たずに目的がわからないまま歩き続けると不安で帰りたくなるのと同じです。

そこで、クライアント企業の**会議の改善策として、アジェンダを開始24時間前に参加者へ周知し、必要な情報交換は会議までにチャットなどで行ってもらうようにしました。**このルールを約9000名に2カ月間試してみたところ、定例会議の開催時間が半分になり、社内会議に費やす時間はトータルで18%減少しました。ムダな会議が見事にあぶり出され、改善されたわけです。

■イノベーションの起点となるのは「アイデア出し」

「アイデア出し」の会議は対面のほうが効果的であることがわかったため、その時間は8%ほど増えました。

その結果、課題を解決するアイデアを出す機会が増えたことで、トラブル発生時に迅速に対応できるようになったり、イベント集客の新企画が出たことにより観客が増えたり、会議から生み出される価値は増えていったのです。**意見やアイデアを出す会議をしたほうが生産性は高くなることもわかりました。**だからこそ、本当に集まって行うべきかどう

イノベーションの起点はココだった

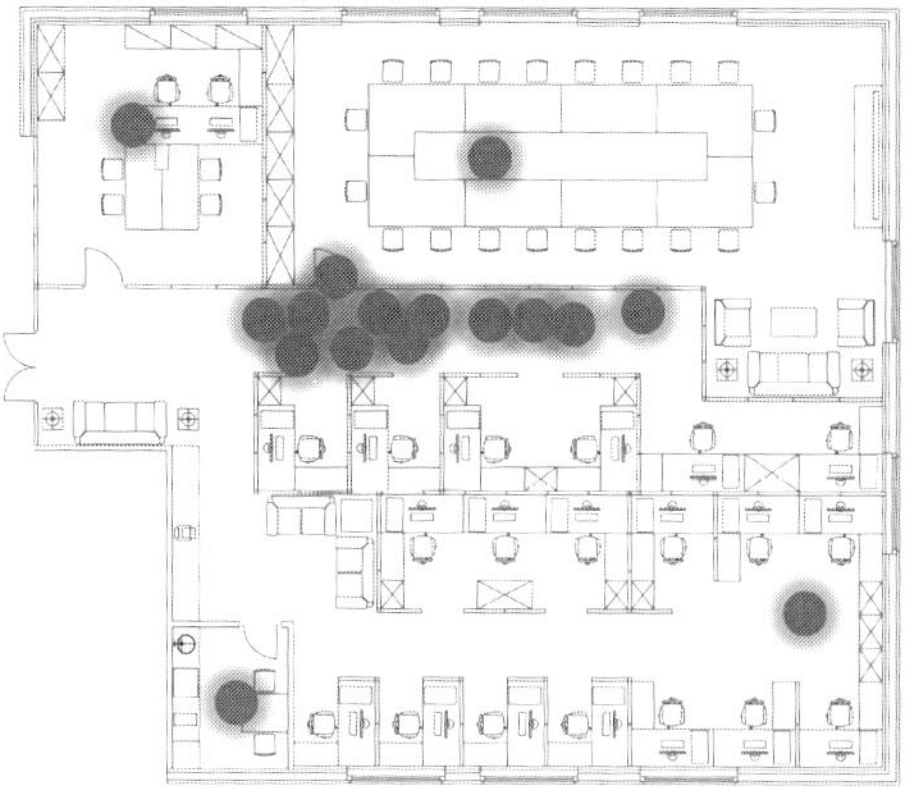

か、対面式の会議の必要性を見直すべきです。

弊社では、この3年間で26社の新規ビジネスの開発に関わり、19件で計62億円の新たな売上を生み出しました。

その19件では、どこが起点となっていたのかを、関係者にヒアリングしました。すると、会議室での発言が起点になったのはたったの2件。残り17件は会議室の外で起きていました。そのうち14件は、会議室手前の通路での会話が起点になっていたのです。つまり、会議の前後に他部門のメンバーに対して「今ちょっといい?」と話しかけたのが起点だったわけです。この結果から、イノベーションを生み出す〝**新結合**〟**の起点は会議で**

はなく「会話」であることがわかりました。

会議室に大勢が集まって席に座り、かしこまった状態で斬新なアイデアが出るでしょうか。よくあるのが、上司がメンバーたちに向かって「何か良いアイデアを出せ」と指示して、部下が勇気を出してアイデアを出しても、すぐにその上司が「それは現実的ではない」「それは予算がないからダメ」などと、ことごとく否定していくパターンです。こうなってしまうと、メンバーは黙っていたほうが安心だと思って何も発言しなくなります。

一方、カジュアルな会話は、アイデアを出しているときに否定されにくく、一度すべてを聞いてから判断する傾向にあります。会議よりもカジュアルな会話のほうがアイデアが出やすく、その大量のアイデアの中にこそ、質の高いものが含まれているのです。ムダな会議をやめて、メンバー間の会話の機会を増やしましょう。

情報共有の会議をやめて「会話」をすれば、イノベーションが起きやすくなる

社内資料の23%は「過剰な気遣い」で作成される

■「必要のない資料」がたくさん作られ続けているという事実

弊社では、クライアント企業各社の資料の作成時間について、その資料で効果が出たのかどうかも調査しました。すると、せっかく作成したのに使われていない資料や、結果として思い通りの成果につながっていない資料が大量にあることが判明しました。その後の追加調査などで、**社内で作成された資料の23%は上司やメンバーへの気遣いで作成されており、指示されて作成されたものではないこともわかりました。**

さらに驚愕だったのは、**その「気遣い資料」が結果的に活用されたのは18%だったのです。**たとえば、こういった情報を取りまとめておいたほうが良いだろうという気遣いで、資料作成を進めていったら40ページを超えてしまった。でも、その資料を見るメンバーはいない、といったケースです。

先述した経営会議の資料もそうです。「資料をたくさん作れば評価されるのではないか」という誤った妄想や、「質問がきたら困るので、補足資料を作成して配付しておいたほうがいいのではないか」という憶測のほとんどは意味がありません。

■重要〝そうな〟資料の83％は必要なかった

製造業のクライアント企業で、「重要〝そうな〟資料」がその後本当に重要だったのかを検証したこともあります。

そのクライアント企業はペーパーレスを強く推進するために、書庫のスペースを小さくして保管する紙の資料を減らそうとするプロジェクトを進めていました。あまりにも反対者が多く、1年目、2年目はうまくいかなかったので、「重要〝そうな〟資料」が本当に使われたのかを調べたのです。

約7000枚の資料をもとに調査した結果、その83％は使われるどころか触れられることすらありませんでした。一方、社員が「重要な資料」とラベルを貼ったものは94％使われていました。「重要〝そうな〟資料」は、保有者の勝手な思い込みであり、保管スペースを奪う元凶になっていたのです。

「念のため」とリスクを回避することはある程度は必要ですし、目的達成のために準備に時間をかけるという心構えは褒めるべきことです。とくに顧客向けの外部資料は、提案したものの相手のニーズと合致せず失注してしまったら意味がないからです。

しかし、資料を作成すること自体が目的になったり、作成する努力を評価してもらおうとしたりするのは、本質から離れてしまい成果にはつながりません。どうやったら相手は動くかをまず考え抜いてから、資料を作らないと的を外すことになります。

資料作成の必要があるかどうかを事前にしっかり提出先に確認してください。とくに、情報を盛り込み過ぎの資料は、かけた時間に対するリターンが低過ぎ、時間を浪費するだけです。

また、せっかく作成したのに作り直しを命ぜられること＝「差し戻し」も時間とエネルギーを奪います。「差し戻し」のリスクを避けるためには、完成度が20％の段階で、そのドラフト資料を提出先に先に見てもらうのです。「このように作成していますが、イメージと合っていますでしょうか？」というアクションがあるだけで、差し戻しの発生率が67％減ったという企業もあります。

イノベーションを起こす型の1つである「デザイン思考」では、プロトタイピング（試作）というプロセスがあります。制作過程を見える化して相手にフィードバックをもらい、それを製品に反映させるという手法です。資料も、そのように相手と作成プロセスを共有しながらだと、よりクオリティが高く、時間のロスも少ないものになるでしょう。

事前確認とプロトタイピングで、資料作成の時間を最小限に

資料は「伝える」ではなく「伝わる」ものを作る

■資料は、人を動かすコミュニケーションツール

「資料作成」は目的ではなく、手段です。これも調査をしたところ、資料を作成すること自体が目的になっているビジネスパーソンが約7割いました。それでは、より短い時間で成果を上げることはできません。目的地に向かう際も、歩く（資料を作る）ことが目的になっていては、あてのない散歩のようなもので、たどり着けない可能性が高いです。資料作成の本来目指すべき**目的は、相手と共鳴して自分の意図する行動を誘発することです。**

相手と共鳴するために、こちらから相手に一方的に情報を出すのではなく、相手と自分との双方向のやりとりのなかで、相手を動かす情報を提供していきます。つまり、「伝える」ことを目指すのではなく、「伝わる」ことを目指すのです。

「伝える」だと主役は発信者である自分になり、情報を出したら、それで目的は達成した

ことになります。一方、「伝わる」ことを目指すと、主役は相手となり、相手の求めているものとこちらが提供したいものとのギャップを埋めていく作業をすることになります。

まず、「伝わる」の主役である相手をよく知ることが大切です。相手との対話によって相手の状況や事情を把握していきます。たとえていえば、相手はお茶が飲みたいのかホットコーヒーが飲みたいのかは、確認しないと相手の意に反したものを提供してしまうように、事前の確認は重要です。

その相手の要望が事前にわかれば、資料作成も効率化できます。目標が見えれば、そこに向かって最短距離で到達することを考えれば良いだけだからです。相手のベネフィットを資料に盛り込めば、より共感が得られ、距離感が縮まれば、こちらの提案にも耳を貸してくれるようになります。

■変化をイメージさせることで、相手の行動を誘発する

人を動かすには、「変化」を提示することが必要です。現在から未来への変化を具体的に、できれば定量的に表現してください。そうすれば、相手は頭の中に具体的な未来像をイメージでき、行動を起こしやすくなります。たとえば、「健康的な体になってください」

というメッセージよりも、「（今よりも）あと5キロやせたら健康的な体になって朝の寝覚めが気持ちいいですよ」といわれたほうが、具体的な変化のイメージを持ちやすいようにです。

資料の説明の際には、「言葉の選び方」も重要です。自分の思いをそのまま言葉にするのではなく、何が相手のベネフィットになるかを踏まえ、どう伝えたら行動を起こしてもらえるのかを考えましょう。

たとえば、「プロジェクトを成功させる必要がある」と伝えると、一人称で伝える側が主役です。一方、「一緒にプロジェクトを成功させましょう！」と伝えれば、相手も主役になり、自分事化して考えるようになります。

さらに、相手にとっての変化を見せると、「一緒にこの3億円のプロジェクトを成功させるために、あなたの能力を最大限発揮してください！」といったり、「あなたの特別な能力を活かして3億円のプロジェクトを成功させ、その成果を会社に認めさせませんか」と相手の承認欲求を刺激しながらだと、うまく伝わるはずです。

「伝わる」資料を作るには、文字をぎっしりと詰め込まないようにしましょう。重要なことが相手の記憶に残れば良いのですから、情報量は少なく、カラーや大きさなどにも配慮して相手の目を疲れさせないようにしてください。人は、外部の情報の72％を視覚から取り入れます。目で見て脳に入れるのです。ですから、伝わってほしい重要なことに絞り、カラフルで派手なグラフや不必要な画像などは極力抑えてください。

実際、２０１９年夏に４５１３名にPowerPointの資料に関する行動実験をしました。PowerPointの資料を１つのスライドにつき１０５文字以内、使うカラーは３色以内、画像やアイコンは１スライド３個以内というルールで、顧客向け提案書を作り直したところ、同じ商品であるにもかかわらず２カ月で成約率が22％アップしました。

変化をイメージさせる相手を主役にした「伝わる」資料で、相手を動かす

いきなりパソコンを開かないで、手書きでシナリオを練る

■「伝わる」資料作りはメモからはじまる

資料を作成するときに、いきなりパソコンを開いて、手を動かそうとしがちです。まずは話す内容を考えることが大切です。とくに伝える中身を絞ることによって、話が散漫にならず、相手に伝わりやすくなります。ですから、**「何を伝えるべきか」「何が伝われば相手が動くのか」をしっかりと考えるのです。**

そのためには、いったんパソコンやスマホから離れて、話す内容のメモから始めます。直感的に思いついたアイデアやイメージを、言葉にして手書きで記録しておくのです。頭の中にある漠然とした思いや考えは、書き出すことで、視覚化して形に残すことができます。メモをすることで、初めて情報として認識できる状態になるのです。メモによって、情報として共有することも可能になります。

とくにリモートワークではパソコンに向かって作業をし続けることが多く、思考が硬直化しがちです。パソコンやスマホから離れる時間を決めて、落ち着いて手書きでメモをしたほうが良質な思考が働きます。

さらに、複数のメモを並べて見比べることで、さまざまなアイデアが生まれやすくなります。共通点や相違点を探したり、無関係な情報同士を比較したり、情報同士を結びつけたりすることで、新たなアイデアを生み出すことができます。

そして、メモをとらずにいきなり文章を書くよりも、「下書き→本番」の流れで書くほうが、文章が磨かれ、アウトプットの質が高まります。文章として視覚化する過程で、〝気づき〟を得られることも少なくありません。相手を説得するストーリーを作るうえで、序盤の説明が長過ぎるとか、論理的に欠落した部分があるとか、といった過不足に気づけるのです。誤字脱字も防ぐことができます。

■パソコンでは、清書の作業に集中する

こういったメモを、最終的に清書するのがパソコンでの作業になります。決してパソコンで作業することが目的であってはいけません。とくに、PowerPointでの作業では、文

字や図形をスライド内で動かすことに意識を奪われ、その中身を深く考えることをおろそかにしてしまいがちです。

■相手が理解しやすい「伝わる言葉」を紡ぐ

相手に伝わるためには、言葉を噛み砕くことも重要です。「噛み砕く」とは、相手の知っている情報で表現することです。

たとえば、「デジタルディバイド」という用語をそのまま使うのではなく、「情報格差によって生まれる経済格差や差別」と表現したり、「あなたも情報を持っていないことによって損したことがありますよね。そういった情報格差によって損得が分かれるというのをデジタルディバイドというのです」と説明したりするほうが、相手に伝わります。

基本的に、相手と自分には認識のズレがあるという前提で、伝え方を考えましょう。資料の作成にしても認識のズレがあります。

弊社では、PowerPointの資料作成講座を1・2万人のビジネスパーソンに提供してきました。受講前は7割の人が「伝える」のが目的で資料を作成していました。

また、826名の意思決定者に700時間以上かけてヒアリングしたところ、78%が資料は10秒以内にわかりやすいかどうかを判定していました。**「資料の要点は何か」「その情**

報は必要かどうか」「必要だとしたら記憶しておくかどうか」、これら3つのステップを10秒以内に終えられたらわかりやすい資料と判定されるのです。ですから、良かれと思って多くの情報を入れると、「わかりにくい資料」と判定されるのです。

こういった認識のズレをなくすためにも、パソコンから離れて相手に「伝わる」ためのシナリオを作り、どうすれば伝わるかを考えることが大切なのです。

資料作成は、まずメモから始め、相手にわかりやすいものを目指す

最大の改善は「やめること」を決めること

■自動化への投資の前にすべきこと

「働き方の改善」というと、意気込んでまずＩＴやＡＩに投資する企業が増えています。しかし、莫大な投資に見合った思い通りの成果が出ている企業のほうが少ないです。もちろん、Excel の入力作業に時間を奪われたり、請求書を印刷し、押印して発送する業務のために人を雇ったりするのは時代遅れで、テクノロジーを使って作業を自動化したいと思うのは当然です。

しかしながら、複雑なマクロを組んで手がつけられない Excel をはじめ、特定の人に依存し過ぎて標準化できない業務は山ほどあります。それらをすべて自動化させようと設計しているだけで、何カ月も何年もかかって心身ともに疲弊している企業をたくさん目にしました。

297社の業務改善をしてきたなかで最も効果が出たのは、初めに「やめる業務」を決めることでした。100時間の仕事を自動化して70時間にすることを考えるのではなく、そもそも100時間の中にある「意味のないもの」を決めるのです。会議でも、2時間の会議を1時間にしようと試みるのではなく、アジェンダがない不要な会議を開催禁止にしたほうが会議の時間の総数が減ったようにです。

■受注改革で、重要な仕事があぶり出される

限られた労働時間で利益を上げ続けていくために、まず会社として取り組むべきは「受注改革」です。売上至上主義で何でもかんでも案件を取りにいったら、社員の稼働時間はオーバーフローし疲弊します。短期の売上に目先がいっていたら、中長期で稼ぎ続ける仕組み作りが疎かになります。

より短い時間で大きな成果を上げるために「受注改革」として取り組むべきは、ターゲットの明確化と案件の精査です。取るべき案件、狙うべきターゲットを明確にしてから、営業をかけることでムダな活動が減ります。

また、とくに企業の規模が大きくなるほど重要になるのは受注案件を選ぶこと、つまり断る勇気です。社員の長時間労働が生まれるかどうかは、案件の受注時に7割くらい決ま

るといっていいでしょう。利益率の低い案件を受けてしまうと、限られた時間、人員で対応するなか、当然かけた時間に対する利益も低くなります。

そうならないためには、受注をルール化することです。たとえば「受注案件は利益率が8％以上、それより下は役員決議での承認が必要」などとすることで、結果的に限られた時間で利益を上げることができるようになります。

■必要のないこと、効果のないことは勇気をもって「やめる」

やめるべきことは、資料作りでもそうです。まず「重要〝そうな〟資料」を作成しても、本当に重要でなければ9割近くは使われないという話をしました。「伝えること」が目的の資料は何時間もかけて情報を盛り込む結果、相手は読む気が失せることも。一方、「伝わること」が目的の資料は重要なことに絞るので作成時間が短いのに、結果的に相手と共鳴して、意図する行動を誘発することができます。この違いを意識できれば、やめるべきことが見えてきます。

これは会議でも同様です。弊社では、週休3日で利益が上がり続ける仕組みを作るために、情報共有の会議、オフィスを持つこと、通勤すること、正社員を雇用することをやめました。逆にこれらがあると、〝より少ない時間で、より大きな成果を〟という目標に到達できませんでした。

やめることで生まれた時間で、新規ビジネスの開発などの新たな分野に事業を拡大しています。**新しいことを始めるときは、必ず何かをやめないと時間が足りなくなるともいえます。**

ここでは業務改善、受注改革、資料作成や会議の例を出しながら説明しましたが、それらを成功させるために共通しているのは、**勇気をもって「やめることを決める」ことです。**この行動ポリシーがないと、行動を進化させていくことができません。

■メールをやめてビジネスチャットにする

メールでは、待ち時間が長くなったり、またファイルの検索に時間がかかったり、とリズム良く協働作業ができないという声もあります。メールをやめて、ビジネスチャットにするのも、効果的な「やめること」です。

ビジネスチャットは、LINEのようにテキストや画像、スタンプを送るチャット機能だけではなく、ファイルを共同編集したり、メモをとったり、オンライン会議を行ったりとスピード感をもって協働作業を進めることができるプラットフォームとなるものがおすすめです。

たとえば、Slackはチャットを中心にして多様な協働作業ができるサービスで、スピード重視の米国シリコンバレーで火がつきました。とくにIT企業では、ゆっくり時間をかけて慎重にプロジェクトを進めるより、早く動き出し早く失敗したほうが、新たなビジネスチャンスを手にしやすいという企業文化があります。マイクロソフトもTeamsをリリースし、チャット中心のコミュニケーションを実現させようとしています。

IT企業に限らず、スピード感が重要な仕事では、まず自分の関わる小さなプロジェクトでチャットを試用してみてください。セキュリティとコンプライアンスを守ったうえで、各部署で費用を負担してでも効率的なコミュニケーションツールを使いましょう。そこで得たスピード感のある協働作業の進め方の経験は、必ず社外とのコミュニケーションでも役立ちます。

会議は準備で9割決まります。その準備としてビジネスチャットをうまく使えば会議自体の効率と効果が上がります。そして、さらなる副産物は「やめる会議」がわかることです。**実際に、ビジネスチャットやオンライン会議などの代替ツールのおかげで、当たり前に開かれていた会議を冷静に見直し、どんどんムダな会議をやめていったことが社内会議の半減に貢献しました。**

できれば顧客も巻き込んでビジネスチャットを双方に導入するのがベストです。ただ、顧客がまだメールを使っているのであれば、そのやりとりはメールで対応せざるをえないケースもあります。顧客側のビジネスチャットの導入はハードルが高いかもしれませんが、少なくとも社内はチャットに移行できます。

社内のコミュニケーションをチャットにすることによって得られるベネフィットは、大きく3つです。

1つ目は、**タイピングの時間が減ること**。社内であってもかしこまった挨拶や、顧客に出すような堅苦しいメールを準備するのに手間がかかります。ビジネスチャットなら、「今ちょっといいですか？」からカジュアルに始まることが多く、チームおよびチャネルに所属しているメンバー同士は季節の挨拶や、丁寧な所属部署の説明など必要ありません。相手のプレゼンスを見て話しかけているので、返答がすぐに来る可能性も高いです。

2つ目は、**誤送信の防止**です。メールの送信の宛先を入力する際に、社内の鈴木さんへ送ろうと思ったのに間違えて顧客である鈴木さんのアドレスを入れてしまうといった事故は想像以上に頻発しています。Outlookなどのメールソフトでは連絡先（ディレクトリ）

と連動しいて、su と入力すると連絡先にいる複数の suzuki さんを推奨してきて、間違えて顧客の鈴木さんを入れて、社内メールを送信してしまうことがあります。一度信頼を失うと、それを回復するのに相当な労力が必要です。チャットであれば、社内のチームでのやりとりのため、間違えて社外の人を宛先に入れることはありません。

3つ目は、**メールの量の削減**です。メールは情報や人を探すのには不便です。また過剰な気遣いでCCの宛先をどんどん増やし、メールのスレッドがどんどん長くなっていきがちです。16社でビジネスチャットを導入したところ、社内メールの送受信数は平均で35%減りました。ビジネスチャットでのコミュニケーションが新たに加わったものの、それでも全体の労働時間は18%削減されたのです。

これまでに弊社は118社にビジネスチャットを導入していますが、導入後2カ月間でメールのトラフィックが25%減り、メールもしくはチャットを処理する時間は18%減りました。

相手のプレゼンスを見て最適な手段を選んでコミュニケーションを図るので、連絡がとれる可能性が高まり、かつメッセージの入力時間もメッセージを見る時間も減ります。質を高めながら量を減らすことができるビジネスチャットは企業の必須ツールです。

これまでと同じように使い慣れたメールを使っているほうが良いと思う人は多いでしょう。考えずにそのまま行動を続けたほうが楽だからです。でも、それでは進化しません。また、社内でメールを使いながらチャットも使うという企業もたくさんあります。これもおすすめしません。確認作業が煩雑になり、むしろ生産性が落ちます。

変化に対応して新たな挑戦をするときには、何かしらの負荷がかかります。たとえば新たなＩＴを導入したら、「前のほうが楽」「ついていけない人がいる」という負荷は発生するでしょう。しかし、「短い時間で作業が終わる」「会議が減って会話が増えた」というようなベネフィットが大きければ、そのＩＴは社内で浸透させるべきです。負荷ばかりに目を向けていては前へ進めません。リスクをゼロにすることにフォーカスしてしまっては、時間とお金という有限の資産はすぐに尽きてしまいます。

行動を進化させるうえで、基本として頭に入れるべきは「トレードオフ」の考えです。**新しいことを始めるときは、必ず何かをやめないと時間が足りなくなります。**

変化に対応するためには「やめることを決める」

成功は、失敗の先にある

■行動し続けることで進化する

加速度的な変化の時代、何も挑戦せず、何も動くことなく、対応することはできません。前例がないとやらない、という人もいますが、何もせずに変化に対応できたという前例はありません。

新たな挑戦をするには、必ずデメリットが伴います。しかしそのデメリットばかりに固執していたら何もできないのも事実です。未来に向かって成長するには、デメリットよりもメリットのほうが大きければ挑戦すべきです。

ただし、挑戦することが目的であってはいけません。その挑戦が正しいかどうかはしっかりと振り返ってください。良い方向に進んでいるのであればそのまま続ければ良いですし、うまくいかなかったのであればやめて他のことをすべきです。

成功への道は、失敗を積み重ねた先にある

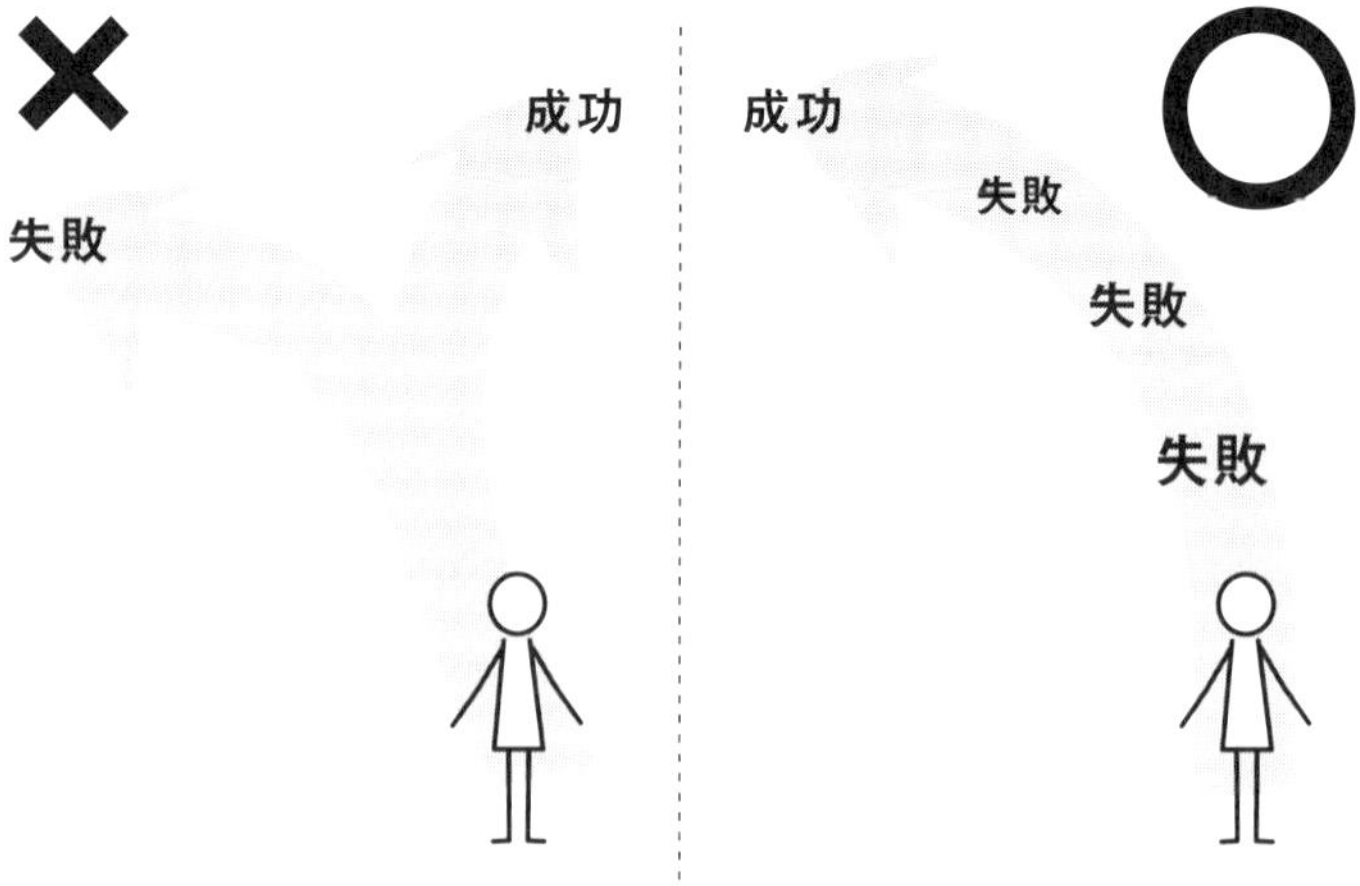

■「失敗の先に成功がある」ということの意味

「成功」と「失敗」の二筋の道が最初からわかれれば苦労しませんが、それは結果としてあとになってわかるため、どう進むべきかを悩んでしまうものです。

それに、そもそも「成功」か「失敗」かの分かれ道があって、正しいほうを選択すると「成功」にたどり着くのではありません。さらにいえば、現実の世界では、単に「成功」か「失敗」かではなく、失敗の積み重ねの先に成功があるのです。

「成功」に向かう1本の道は、失敗を積み重ねて、そこで得た学びを次の行動に活かしていくことで、おのずと拓けていくのです。失敗の積み重ねによって、その先に成功があるということです。成功を勝ち取るためには、失敗を「糧《かて》」とするのです。うまくいかなかったときに、自ら反省して振り返るのです。二度と同じ失敗をしないための方策を考えて実行することで、成功に近づいていきます。

ですから、行動量を増やして失敗を積み重ねることによって成功に近づいていくという戦略が求められます。トライ＆エラーをより多く積み重ねることが、自分の価値を向上させることにつながります。

■誰も失敗しようと思って失敗するのではない

良かれと思ってやったことでも、失敗してしまうこともあります。もちろん、誰しも失敗したいと思ってするわけではありません。失敗はそれ自体の良し悪しよりも、その次にとる行動が大切です。その失敗を「運が悪かっただけ」で片づけてしまったら、次の行動に活かすことができません。

「勝ちに不思議の勝ちあり。負けに不思議の負けなし」という言葉があります。これは江戸時代に松浦静山が記した剣術書『剣談』の中にある言葉です。「負けには必ず負ける理由がある。一方、勝つときは偶然という可能性があるため、おごってはいけない」ということを伝えています。

おごりや慢心は、一時的に感情を高めてくれますが、本質ではありません。自分の実力不足を認識しないと、改善しようという気にはならないのです。運を実力と勘違いすると、成長できません。自信過剰になってしまうと、深く考えなくなりますし、学んで次の行動に活かそうという意識が薄らいでしまい、結果、成功の再現性が低くなることもその理由です。

失敗を内省し、改善点を見つけて、次の行動に活かすことで成功に近づいていくのです。大切なことは、失敗したらその意味を考え、成功しても慢心しないことです。

私自身、多くの成功が運によってもたらされていると感じています。優秀なメンバーとの出会いや、自著が多くの方に読んでいただけていることなど、時流や人とのつながりによって、望ましい結果がもたらされることがあります。

しかし、それに慢心せず、改善点を探すことも怠りません。たとえば、イベントで大勢の方が参加してくださっても、次回さらに多くの方に来ていただけるにはどうしたら良いかを考えるようにします。

つまり、初期行動で何を学び、どのように次に活かすかが重要なのです。この学びのプロセスを習慣化することで成功に近づいていきます。

これまでは「PDCA」サイクルが浸透していましたが、とりわけ今求められているのは、「DCA」で「Do」「Check」「Action」です。机上の空論に時間を割くことなく、まずやってみて、内省によって得た学び自体を目的にすれば、多くのプロジェクトがうまく回ります。

■成功に向かって「進む」「振り返る」「進む」を繰り返す

「振り返り」をすることでリスクを減らし、成功に近づくことができます。成功することを目的にすると、なかなか行動を起こしにくいものですが、「振り返り」を活かして小さな行動実験をする、と割り切って考えれば行動に移しやすくなります。

「振り返り」を続けると、必ず何らかの発見があります。その学びを次の行動に活かしていけば、目標を達成しやすくなります。たとえ小さな前進でも、それが積み重なることで、やがては大きな進歩になるのです。

「振り返り」によって、もし間違った行動をしていると気づけば、早めに修正することでリスクを最小限に抑えることができます。この考えは「リーンスタートアップ」という起業したときのリスクを最小化する方法でもあります。この**「リーンスタートアップ」を個人の働き方に適応してみるのです。小さく、そして早く始めて、振り返る。**これがリスクを最小化しながら新たな挑戦をするために行動していく心構えになります。

なぜ、この「振り返り」の時間を確保することにこだわるかというと、成功するためには小さい失敗を経るものだからです。しかも、失敗はリスクが少ないうちに早めにすれば（＝小さな失敗）、大きな失敗の確率が下がるからです。

そして、成功する確率を高めようとするより、小さな失敗をする習慣を身につけたほうが結果として成功しやすくなります。

トライアンドエラーで早めに行動に移して、成功に近づいていく

第 4 章

生産性アップは最終的に「働きがい」で決まる

More with Less

「働きがい」を感じると、生産性は45％アップする

■どんなに改善しようとしても、「腹落ち感」がないと機能しない

いくら労働時間の削減や業務の効率化をしようとしても、職場がギスギスした雰囲気になってしまったら、現場に浸透・定着しません。

弊社が支援した605社とは、人事制度やテクノロジーによって「働き方の改善」を進めるなかで、現場に浸透しないことに悩んでいるという相談を受けるところから始まります。初めは現場の社員も従順に社長や人事部からの指示を聞いてくれていても、半年もすると元に戻り、2年を超えると改革自体に疑問を持つ人が増えるという相談が7割以上です。

「働き方」を改善する取り組みのなかで、疎かにしてしまいがちなのが「文化」や「コ

ミュニケーション」といったソフト面です。社員や経営陣が活動の意義・目的を「腹落ち」していないと、いくら素晴らしい制度やテクノロジーを導入しても、活用する人は少なくなります。

新たなことに乗り出すには不安もあるでしょう。考えずに今のまま仕事をしていたほうが楽でしょう。「腹落ち感」がないと、自然と行動をしなくて良い理由を探してしまうものです。行動しない自分を自己防御してしまうのです。

そこで、クライアント企業には、ハード面とソフト面の改善を同時に同じ熱量で推進するようにアドバイスしています。とくに、先述したように「働き方」を改善をするときは「How」ではなく「Why」を優先し、「なぜ、この改善が必要であるのか」を現場に理解してもらうようにします。先に意義や目的を腹落ちさせて、そのあとに手段であるハード面を展開します。

会社にとって「働き方の改善」を行うことの意義・目的は、一般に「存続すること」「成長すること」「儲かること」です。しかし、これだけでは社員にとって共感が得られません。8万人に対する匿名のアンケートでは、63％の社員は「会社が儲かることと自分の働き方を変えることを直結させていないこと」がわかりました。「会社がどう成長しよう

見えにくいソフト面の対応が成功のカギ

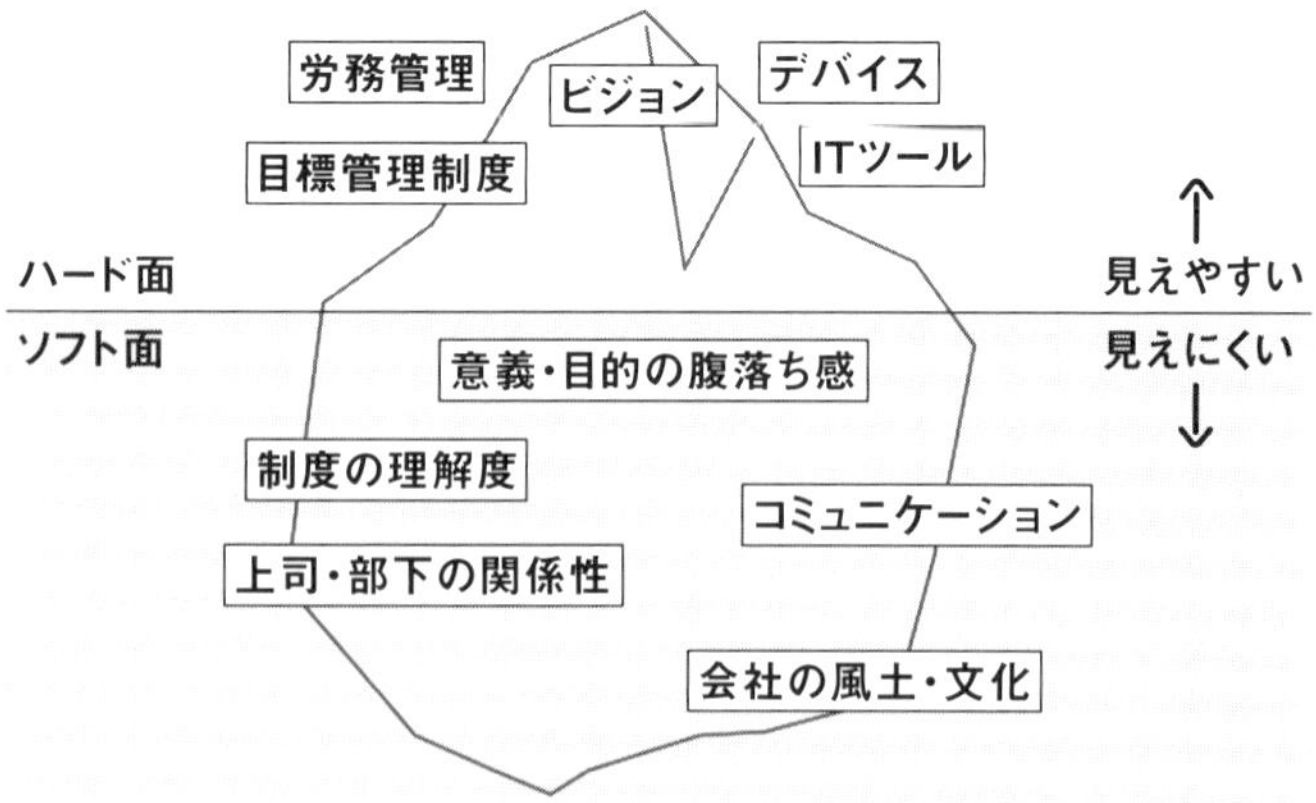

が関係ない」という冷めた回答もあったほどです。

一方、社員が納得して積極的に改善を推し進めている会社の目的は、シンプルに「幸せになること」でした。社員も働くことを通じて成長や達成を実感して、幸せになるという目的を共有。労働環境の整備を軸とした「働きやすさ」よりも、働くことに関して幸せを感じる「働きがい」を得ることを目的にする比率が高かったのです。

この「働きがい志向」をヒントに、同じく8万人に「働き方の改善の目的があなたの働きがいを向上するためであれば、施策に参加しますか?」という質問をしたところ、71%がYESと答えました。このことから、**会社は成長し存続することを目指**

し、働く個人は「働きがい」を目指せば、一体となって改善に乗り出すことがわかったのです。

■パフォーマンスの高さの根底にあるのは「幸せ」「働きがい」

米国イリノイ大学エド・ディーナー名誉教授らの研究によると、「幸福度の高い人はそうでない人に比べて創造性は3倍、生産性は1・31倍、売上は1・37倍高い傾向にある」ということです。

このデータが日本企業にもあてはまるのかを調査すべく、16万人の「働きがい」を可視化し、人事評価や成果を残したプロジェクトと、そうでないプロジェクトの比較などにより、「働きがい」と「生産性」の相関関係を見出しました。

完全に外部要因は除去できないものの、「働きがいを感じている社員」とそうでない社員では明らかに成果に違いが出ました。経理や総務などの管理部門で、ほぼ同じ業務を同じ環境でこなしていた場合では、「働きがいを感じている社員」のほうが時間あたりの業務効率は45％高かったのです。営業部門では、各自が持っている売上目標に対して、「働きがいを感じている社員」はその達成度が70％高いことがわかりました。マーケティングやカスタマーサポート部門では、同じ時間でこなす仕事の量は1・5倍多かったのです。

もちろん、パフォーマンスが高い人は評価されて「働きがい」も高くなるという相関関係もあります。しかし、以前に比べて「働きがい」を持つようになった社員が、その「幸福感情」につれて成果が高まっていくケースが数多くあったため、「幸福感情」が仕事の生産性を高めるという主従関係は成立します。

だからこそ、状況を一変させるような魔法のようなものはなく、地道に社員の「働きがい」を向上させる取り組みを進めながら、それにフィットした手段を選択することが賢明です。実際に、弊社のクライアント企業もすべて「働きがいの向上」を目指し、結果として生産性の向上に寄与しています。

「働き方」はハードだけでなくソフトの改善を。意義・目的を腹落ちすると行動が変わる

「働きがい」の源泉となる3つの要素
――承認、達成、自由

■人は、どういうときに「働きがい」を感じるのか

弊社が年間の業務委託契約を締結している29社合計16万人の社員を対象に、毎年「働きがい」に関する調査を実施しています。「働きがいを感じるのはどういう時ですか？」という質問に対して、記入式の自由回答にしており、その結果をＡＩのテキストマイニングによって分析しています。

３年以上この調査をしていますが、共通するキーワードは変わりません。社員数５人の工務店でも、従業員数４万人のメーカーでも、同じ傾向があるのです。「働きがいを感じた時」で記入された回答の約８割が次のキーワードに集約されます。それは「承認」「達成」「自由」の３つです。テキストマイニングによる分析結果を次ページ図のようにワードクラウドにより可視化しました。

16万人に対する働きがいアンケート

あなたはどういった時に「働きがい」を感じていますか？

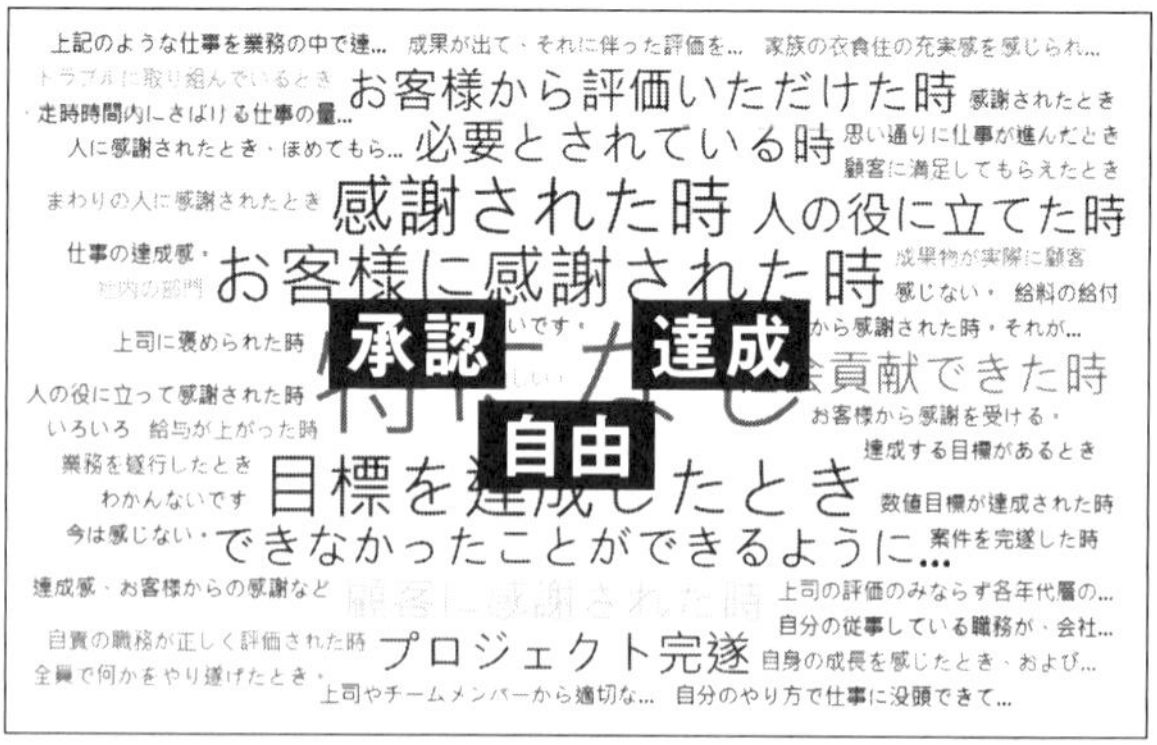

（29社16・3万人対象／2019年12月クロスリバーによる調査／ワードクラウド（回答結果をAIで解析し、語句の使用頻度に応じて表示サイズを変えている）

「承認」とは、お客様に感謝されること、社内で感謝されること、社内で必要とされていると感じることなどです。アメリカの心理学者マズローの5大欲求（詳しくは185ページで後述）の中で4番目の「尊厳欲求」と位置づけられるものです。営業よりはエンジニア、男性よりは女性、若年層よりシニア層がこの「承認」によって働きがいを強く感じています。

「達成」は、売上目標を達成した、大きなイベントをこなした、繁忙期が終わったなどのポジティブな区切りのときに感じます。モチベーションや自信向上につながりますが、日本企業は各部門の責任範囲が不明確なことが多く、達成感を感じにくいと

意識すべき3つの円

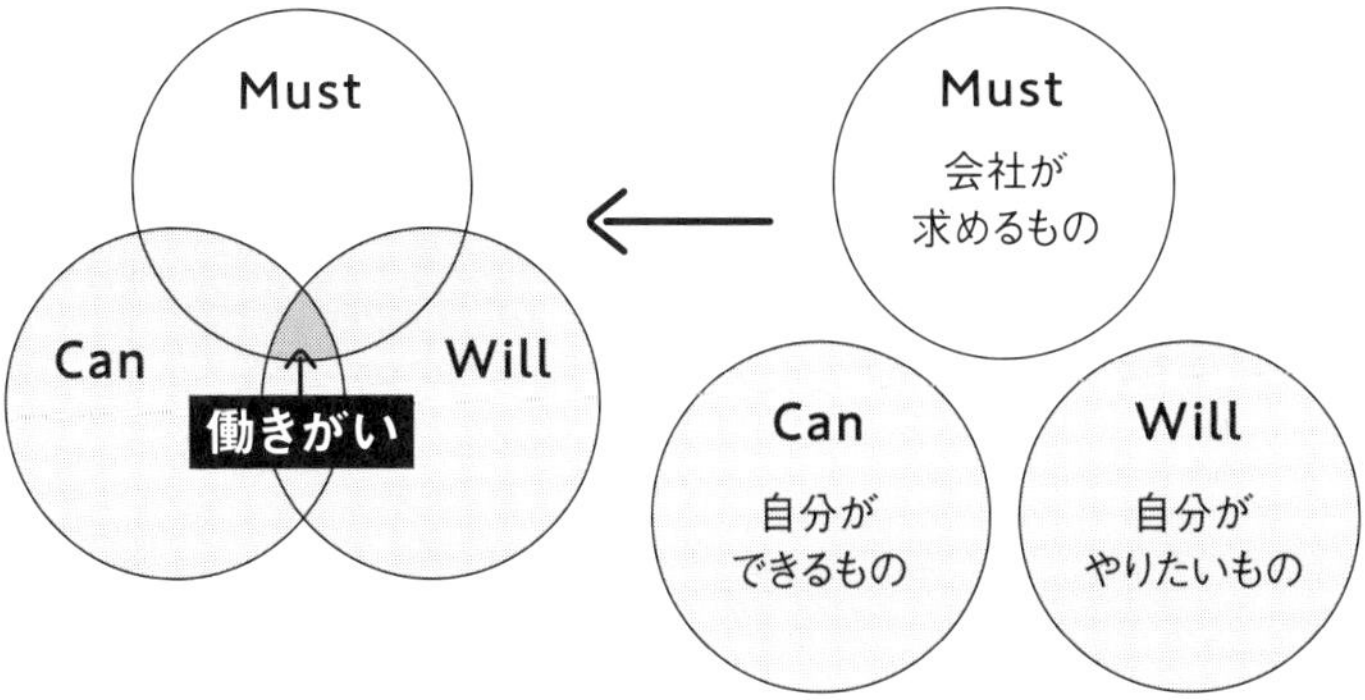

いう傾向があるようです。

最後の「自由」は、「選択の自由」です。

「自分の意思によって選択できた時」「選択肢を複数持った時」という回答です。つまり、上からいわれたことをやらされるのではなく、「自分のしたいこと（Will）」もしくは、「自分のできること（Can）」を自分のやり方で成し遂げたいのです。

この「自己選択権」は、給与やボーナスなどの金銭的な報酬よりも、恒久的に幸せを感じやすい項目です。

働く個人の立場でいうなら、この「自己選択権」を得ることを目標にするのが良いでしょう。これは日本ではリクルートなどが取り入れている人材育成の手法で、会社が求める「やらなくてはいけない仕事（Must）」もしっかりこなしつつ、「できること（Can）」と「やりたいこと（Will）」のそれぞれの円を大きくし、3つの円の重なりを大きくしていくことが「働きがい」につながっていくのです。（前ページ図）。

承認・達成・自由を感じることで、エンゲージメントが高まる

月曜日にロケットスタートを切る
――日曜夜のアイドリング時間

■自ら進んで取り組むには「内発的動機づけ」が推進力になる

あなたは、誰かに命令されたり、報酬を約束されたりしたわけでもないのに、自ら進んで活動に取り組んだ経験はありませんか？　そのような自ら進んで取り組むことを、「内発的動機づけ」といい、仕事そのものに対する興味・面白さからの推進力を意味しています。仕事に対する肯定的な感情には、こうした「内発的動機づけ」も含まれています。

自分が楽しいと思える活動に没頭しているときなど、この「内発的動機づけ」が働いていると思えるような経験があると思います。一方、お金など何らかの金銭的な報酬を目的に行動する場合、もしくは人に叱られないように行動する場合などは、外発的に動機づけられていることになります。

ただし、生活をするためには、やりたくない仕事をしなくてはいけないときもあるかも

モチベーションの源泉とは何か？

外発的動機づけ

賞罰（アメとムチ）による外からの動機づけ

＼やる気／

内発的動機づけ

好奇心や関心による内からの動機づけ

しれません。そこで、お金のため、生活のために仕事をしなければならないと考え過ぎてしまうと、「内発的動機づけ」の効果が弱まります。これは「アンダーマイニング効果」と呼ばれています。「お金のために働く」という「外発的動機づけ」が、自分の興味・関心がある仕事をするという「内発的動機づけ」の効果を薄めてしまうのです。社会心理学者のデシによると、「内発的動機づけ」によってモチベーションを維持するためには、次の2つを意識すると良いようです。

1　自己決定感覚

仕事に取り組む際に、そのやり方について自分で決定しているという感覚を持つことで、「やらされ感」を軽減することができます。自分で決めてやっている、という意識があれば、うまく仕事が進んだときには自信にもなります。

2 有能さへの欲求

自分は能力が高い人間でありたいと願うことです。「どうせ自分はダメなんだ」と卑下してばかりいてはいけません。「じつは自分は努力することで進化しているのだ」と前向きに開き直ることで、やる気のスイッチが押された状態になります。

■日曜日の夜から憂うつになる犯人は？

弊社で16万人を対象に行ったアンケートで、「休み明けの仕事のことを考えて憂うつになることがある」と答えた社員は半分以上いました。日曜の夜にどんよりとした気分を作り出す最大の犯人は、**仕事上の問題を〝見える化〟できていないことです。**休み明けの見えない仕事の状況に対してネガティブな感情を抱き、不安になってしまうのです。月曜日からロケットスタートを切るべく、日曜夜の10分で次の5つを実践してみてください。

- □**翌週の予定をさっと見る**：準備ができているか漏れがないかをチェック
- □**タスクを確認しておく**：月曜日のタスクを自分で決めるということに意義があります。

自己選択権でタスクを決めた感覚を持つのです。

□**先週を振り返りリセットする**：予定表を見て、成果が出たものをハイライトして自分を褒める。上司や同僚などに怒りや憤りを持っていたら、感情をリセットするように努めましょう。

□**緊急度も重要度も低い仕事を探す**：必要のない仕事を探し、やめることを自分で決めるのです。自分の能力が発揮できることに時間を費やすことができるようにします

□**自分を励ます**：自分を責めることなく、自分で自分を褒めて認めてあげる。有能さへの欲求を自らで刺激するのです。

こうやって日曜日の夜に冷静に「見つめ直す時間」を作ることが大切です。不要な不安にのまれることなく、やる気をアップさせる仕組みを理解して、清々しい月曜日を迎えましょう。

モチベーションの仕組みを理解できれば　ワクワクして出社できる

「心理的安全性」が保たれると、働きがいも成果も上がる

■「心理的安全性」は仕事の成果を大きく左右する

「心理的安全性」はGoogleが自社の生産性向上のための調査で再発見したもので、ここ最近広く知られるようになりました。「心理的安全性」とは、「サイコロジカル・セーフティ」を日本語に訳した心理学用語で、1人ひとりが恐怖や不安を感じず、安心して発言や行動できる状態を意味しています。

弊社でも16万人に対して調査した結果、「心理的安全性」は仕事の成果に大きく影響を与えることがわかりました。**「心理的安全性」が担保されると、社員は不安を感じることが少なくなり、積極的かつ自主的に行動します。**

たとえば、「心理的安全性」が確保されていると、会議での発言量が増えます。逆に「心理的安全性」がない場合は、話さずに黙っていたほうが安全だと感じるので、発言しない参加者が多くなります。

「心理的安全性」の有無による生産性の違い

チーム **A**	上司と部下の対話は少なく、「コミュニケーションがうまくとれていない」という人が6割以上いるチーム
チーム **B**	上司と部下が2週間に1回対話を行い、「心理的安全性」が確保されたチーム

1 会議時間	A → B	−24%
2 研修時間	A → B	＋12%
3 資料作成時間	A → B	−25%
4 総労働時間	A → B	−13%
5 病休精神疾患	A → B	−31%
6 離職率	A → B	−18%

⇩

「心理的安全性」が確保されたチームBは目標を達成しやすい

会議のうち「情報共有」と「意思決定」は発言量が少ないほうが良いケースもありますが、**「アイデア出し」では発言量が多ければ多いほど成果につながります。**「何か良いアイデアを出せ」といわれて良いアイデアは出ません。何でもいいから出した大量のアイデアの中に質の良いものが入っているという話をしたようにです。

ですから、「アイデア出しの会議」は、**最初に雑談でもして参加者同士で「心理的安全性」を確保し合ってから始めたほうが、アイデアの量が増えアウトプットにつながります。**

時間と場所に縛られない柔軟な働き方を実現する企業が増えていますが、テクノロジーを使ってどこでも仕事ができるリモートワークにおいても「心理的安全性」が必要です。お互いに意見を言い合える関係を構築すれば、リモート参加者の孤立を防ぐことができます。

この「心理的安全性」の効果を明らかにすべく、弊社では２０１７年12月から２０１９年９月にかけて26社を対象に調査を行いました。「心理的安全性」が担保されているチームとそうでないチームとを比較したところ、労働時間や精神疾患、離職率、チームのパフォーマンスが「心理的安全性」と相関関係にあることを確認できました。比較結果は前ページの図の通りです。

さらに同じチームに、２０２０年３月にアンケートを取ったところ、「心理的安全性」が確保されているチームＢの89％が「リモートワークがうまくいっている」と答え、そうでないチームＡでは「うまくいっている」と回答したのは８％しかいなかったのです。このことから、目の前にいないメンバー同士で効率良く作業する際にも、「心理的安全性」が必要であることがわかります。

安心した心理状態になることで、新たなアイデアが出やすくなる

「バッファ・タイム」で創造的な作業を行う

■「余裕」と「引き締め」で脳に刺激を

生産性を高めるうえで、ある程度の「バッファ・タイム（スキマ時間）」を作ることは重要です。心のゆとりを持ったほうが、新しい発想も生まれやすくなります。

ただし、個々人によって、どれくらいの「バッファ・タイム」が最適なのかは異なります。

8社約4500人で行った行動実験では、25分～45分の間隔で作業をすると効果が出やすいことがわかりました。たとえば、会議の議事録の作成や見積書の作成など同じ作業を作業時間の間隔が異なる4つのグループに分けて実施したところ、1時間半同じ作業をするよりも、45分に1回ほど休憩を入れたグループが処理の間違いがなくトータルの作業時間が短かったのです。

これは社内会議も同じで、45分にしたほうが活発な意見が出て、次のアクションが決まりやすくなります。私個人でも45分が集中できる時間なので、45分作業+10分休憩のサイクルを繰り返しています。

また、休憩を入れて適度に脳を休ませるだけでなく、集中時間にはタイムプレッシャーをかけることで企画や設計などの創造的な作業のアウトプットの質が高まります。締め切りが見えると脳が活発に動くように、アイデアの量が増え、結果としてその中に質の高いアイデアが含まれている確率が上がります。

私は45分1セットにしていますが、先述したように25分集中して5分休憩する時間管理術は「ポモドーロ・テクニック」と呼ばれ、締め切り時間を意識させて、集中力を増す方法として、多くの方が活用し成果を残しています。「ポモドーロ」とはイタリア語で「トマト」を表し、トマト型のキッチンタイマーを使って時間を計ったからといわれています。

クライアント企業26社で、社内会議を時間通りに終わらせるために、各会議室にキッチンタイマーを設置しました。そして、終了の10分前に音が鳴るように設定したところ、時間通りに会議が終わる確率が1・3倍に上がり、会議参加者の満足度も20%ほど上がりました。

■心と時間の余裕は「偶然の出会い」を引き寄せる

仕事の成果と心理的な面の相関関係を示す1つとして、「偶発性の効能」についても触れておきます。

スタンフォード大学のジョン・クランボルツ教授は「計画的偶発性理論」をもとに、「成功者のキャリアの8割は偶然によって形成されている」と述べています。さらにクランボルツ教授は、個人のキャリアは偶然起こる予期せぬ出来事に決定されているが、その偶発的な出来事は、本人の主体性や努力しだいで引き寄せることができると発言しています。

私は週に7冊ほどのビジネス書を読んでいますが、これまでに読んだ本のベスト10のうち8冊は書店での偶然の出合いで見つけたものでした。その1つが本書でも紹介している『エッセンシャル思考』です。この本との出合いがなければ、私のキャリアはもっと平坦でつまらないものだったでしょう。

また、私がコーチングをした経営者は、ある会合で偶然に知り合ったプロのカメラマンに撮影技術を習い始め、その後、本格的に画角や照明などにこだわるようになり、現在では個展を開いてチケットが売りきれるほどになりました。

ただし、ここでも偶然得られた成功をすべて自分の実力だと考えてしまうと、自分の実力不足による失敗を他責にしたり、運が悪かったと安易に片づけてしまったりします。だからこそ、まず成功も失敗も謙虚に、冷静に受けとめるのです。

人は自分の実力があることを認めて、成功によって優越感を得たいもの。失敗を自分ではなく、運や他人のせいにすることで劣等感から解放されたいもの。自らを律する気持ちがないと、このような欲望が顔を出してくるので、「偶然の出会い」にも常に感謝の気持ちを持つことを忘れないようにしたいものです。

「創造的な時間」を自ら創り出すことで、「偶然の出合い」を引き寄せる

第 5 章

絶対に
効率化できないのは
「コミュニケーション」

More with Less

「コミュニケーション」は成果を生み出す土台となる

■仕事の成果と「コミュニケーション」は切っても切れない

コミュニケーションによる意思疎通の目的は、情報を伝えることだけではなく、相手と共鳴して自分の意図する行動を誘発することです。共鳴するためには、こちらから一方的に伝えるのではなく、相手と「対話」をしないといけません。

ダニエル・H・キムの「組織循環モデル」では、まず「関係の質」を高めるプロセスを推奨しています。クライアント企業28社の調査でも、上司と部下の「対話」を強化すると会議や資料作成の時間が短くなり、社員の働きがいは上昇しています。

「対話」は相手がいて成り立つものです。そのため、「対話」に臨む際には、相手の状況、その場の雰囲気がわかると、適切な言葉を選ぶことができます。相手がうなずき、なごやかな雰囲気なら、同じ調子で話します。相手が眉間にしわを寄せて難しい表情をしていた

組織循環モデル

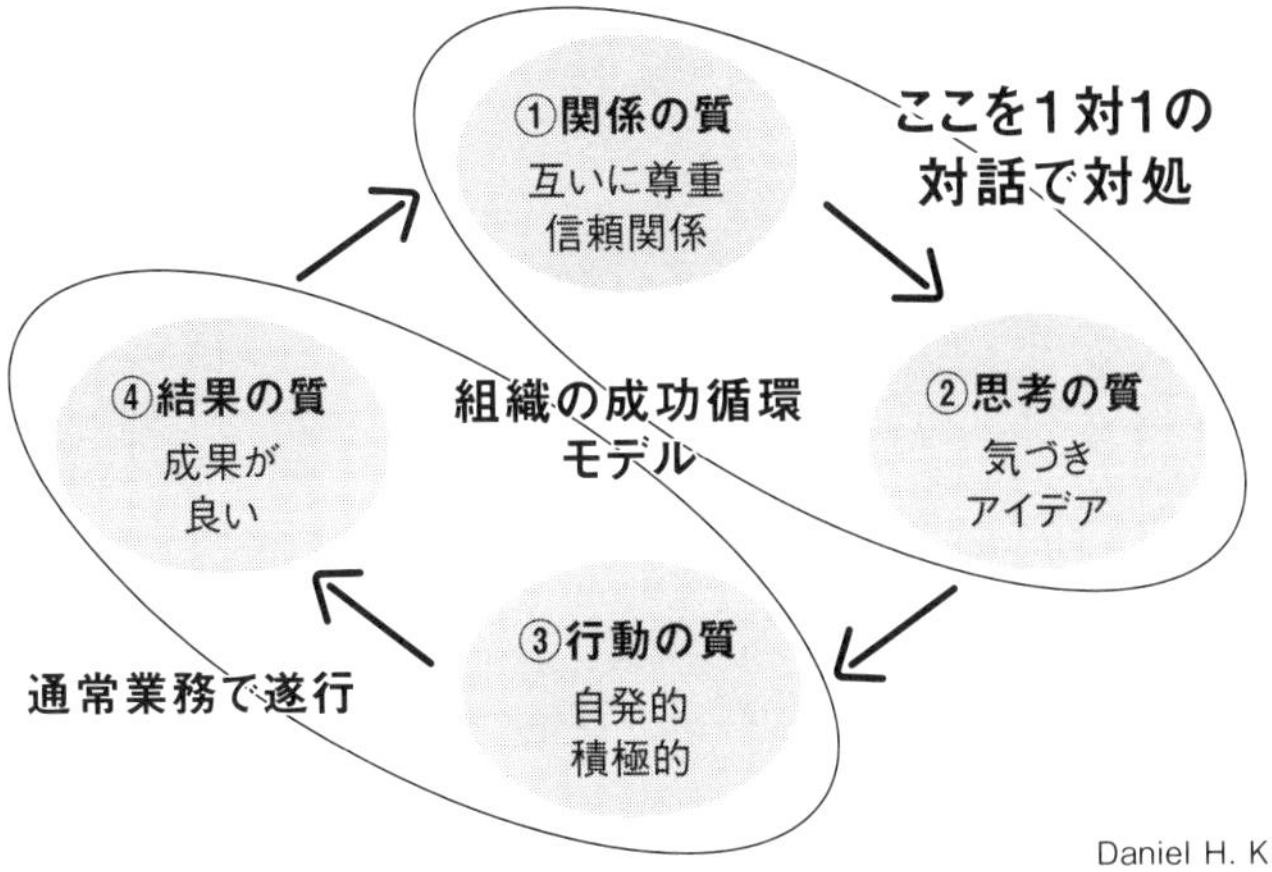

Daniel H. Kim

ら、それを受け止めて、落ち着いてゆっくり説明したほうが伝わりやすくなるでしょう。

■コミュニケーションは「目」でも伝わる

コミュニケーションをする際に、聞き手は視覚も使って脳に情報を取り込みます。大規模なセミナーの講演会場であっても、数人の社内の会議室でも同様で、聞き手は「耳」だけではなく、目で多くの情報を取り込むのです。記憶が最も長く残るのも「目からの情報」です。

ですから、情報が伝わるように、相手の視覚を意識して、ジェスチャーや資料のデザインを使いながら視線を誘導し、相手と対話しながらコミュニケーションをしていきましょう。また、さらに視覚と聴覚を刺激して、確実に「伝わる」ようにするには、パソコンや紙の資料を見ながらではなく、なるべく相手の目を見つめながら対話してください。

■深く伝わるには「サンドイッチ式」で

いくらいいたいことがあっても、ストレートにそのまま伝えると、うまく伝わらないケースは少なくありません。

相手に深く伝わるようにするには、最初に「感謝」を示し、最後は「期待」で締めます。たとえば、最初に日々の感謝を伝え、次に具体的な改善点について、その理由と方策を明確に伝えます。そして、その改善点のあとに今後の期待をポジティブに伝えることで、相手に深く伝わりやすくなります。

これは社内の抵抗勢力を説き伏せるときも有効です。私がクライアント各社で「働き方の改善」を推進するときに、反対派と対峙することもあります。でも、どうしても巻き込んで、一緒に改革を推進していきたいので、説得に努めます。

このようなときも、最初にお礼や敬意を表して、そのあとに具体的な依頼内容、最後に期待していることを伝えます。異なる意見を持つ人と摩擦があるのはポジティブなことだととらえており、むしろぶつかり合いのない仲良しグループのほうがうまくいきません。双方の違いを理解したうえで、「すり合わせ」をするのは変革や改善に必要なプロセスです。

こうした議論やコミュニケーションを通じて、お互いの価値観を認め合い、人間関係を良くしていきましょう。人間関係が良くなれば、過剰な気遣いがなくなり、不要な資料を作ったり長文のメールを送ったりすることもなくなります。

「伝わるコミュニケーション」によって人間関係がより良くなれば、成果もおのずと上がる

減らしてはいけないのは「コミュニケーション」と「アイデア出し」

■本音の会話は「筋肉時間」となる

ムダな時間をなくして効率的にするという点で、時間を減らすか増やすかの判断は難しくありません。**「自分やチームの成果につながるかどうか」、そして「自分やチームに幸せをもたらすかどうか」で判断するのです。**成果や幸せにつながるものは、ぜい肉ではなく筋肉となり、減らさないように意識して時間を確保しておく必要があります。

組織における「会話」は成果に直結します。時間外労働が減少した企業と、そうでない企業における人材マネジメントの施策導入率の違いを分析したところ、トップや職場のリーダーと一般社員とのコミュニケーションに関する項目で20%を超える大きな差を示しました。これは組織における「会話」の影響度が大きいことを示しています。

エンゲージメントスコア上位25%と下位25%の企業業績の比較

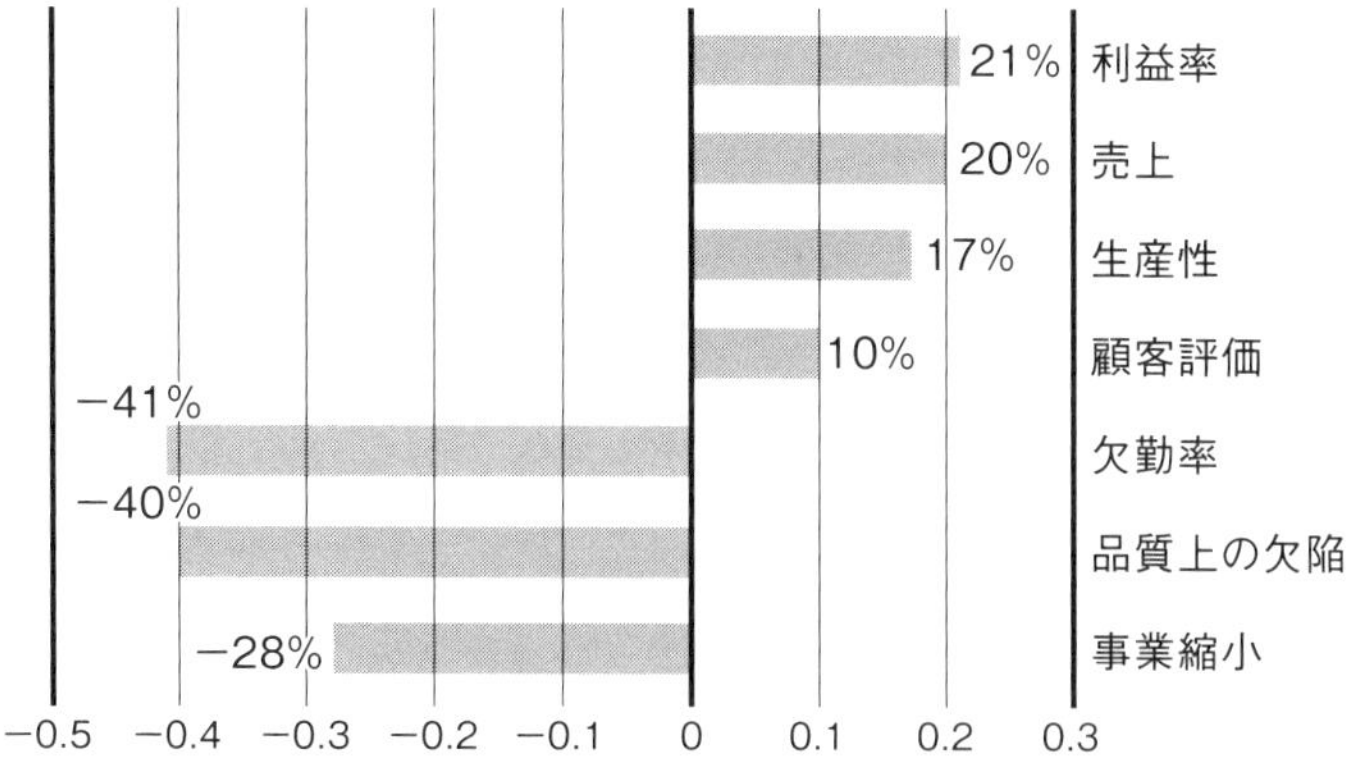

出典：Gallup,2017,“The Relationship Between Engagement at Work and Organizational Outcomes”より抜粋

現代の職場環境は、育児や介護をしながら働く人や、転職などによって異なるバックグラウンドを持つ人、また外国人の雇用など、職場のメンバーの働き方、雇用形態、価値観がさまざまで、多様化が大きく進んでいます。

しかしながら、社員1人ひとりのキャリア形成について、しっかりと話し込む時間は減少傾向にあり、このことは結果として会社が推進する「働き方の改善」の足を引っ張っています。メンバー同士の本音の会話によって、価値観を認め合い、働きがい（＝エンゲージメント）を高めていかないと組織として成果を残せないからです。

米ギャラップ社が２０１７年に行った調査（上の図）によると、エンゲージメントスコアの高い上位25％の企業は、低い下位25％の企業と比較して、利益率については21％、売上についても20％も高いという結果が出ています。

また、生産性については17％、顧客評価も10％高くなっています。逆に欠勤率は41％低く、品質上の欠陥も40％低くなりました。事業縮小の割合も28％低く、まさに、「コミュニケーション」を通しての組織風土の醸成は、重要な経営課題であることがわかります。

■「創造力」の養成は、日々のアイデア出し

AI時代といわれる現代、与えられた課題をただ単にこなすのではなく、さまざまな視点から課題の発生原因を突き止め、さまざまな視点から多様な解決提案ができる人が求められます。これには「創造力」が欠かせません。

AIはゼロから1を生み出せません。ビッグデータがあるからこそ、それを瞬時に解析して予測ができるのです。また、AIは複数の答えがあるものを解くこともできません。このような場面こそ、人間の「創造力」が発揮されます。

また、これからはAIなどのテクノロジーとどのように共存して活用すれば人類が幸せになるかを考える「想像力」も必要です。テクノロジーの基礎研究は研究者やエンジニアの役目かもしれませんが、それをどのように応用していくかは職種や技能にかかわらず、

多くの人が関わるべきテーマです。「なぜテクノロジーが必要か」、そして「テクノロジーをどのように活用すれば良いか」に答えを出すには、人間の「想像力」による部分が大きいからです。

残業削減のために、社内会議を見直す企業が増えていますが、「創造力」と「想像力」を発揮できる「ブレインストーミング（アイデア出し）」の時間は削ってはいけません。

課題を可視化し、異なるバックグラウンドを持つ人たちが、さまざまな観点で気遣いなく、より多くのアイデアを出すのがブレインストーミングの特徴です。

この「アイデア出し」は、アイデアの量にこだわることが重要です。生み出した大量のアイデアの中に質の良いアイデアが紛れており、それを具現化することでイノベーションへとつながっていくのです。

イノベーションを生むために、「会話」と「創造力」を育む時間を減らしてはいけない

「対面での会議」がプレミアムな価値になる

■「対面の会議」の効能

対面で行う会議には、まず話し合う前段階で会議室を確保し、参加者の日程を調整するなど、多くの労力が割かれます。さらに、会議をしても何も決まらないなんてこともあるため、会議は時間のムダだとされがちです。

しかし、会議をはじめ参加者同士が直接顔を合わせるコミュニケーションでは、パソコンの画面上でのやりとりでは伝わりにくい、場の雰囲気が伝わってきます。ポジティブかネガティブな雰囲気か、真剣かなごやかかなど参加者の姿勢がわかるだけでも、同じベクトルを向いた、より内容を深く掘り下げたコミュニケーションの場へとつながりやすくなります。何より、対面だと発言がしやすく、意見も聞き取りやすいです。それに対面で実際に顔を合わせてコミュニケーションをとると、より親近感も湧くかもしれません。

口元や眉毛、目元の動きで表情が見える

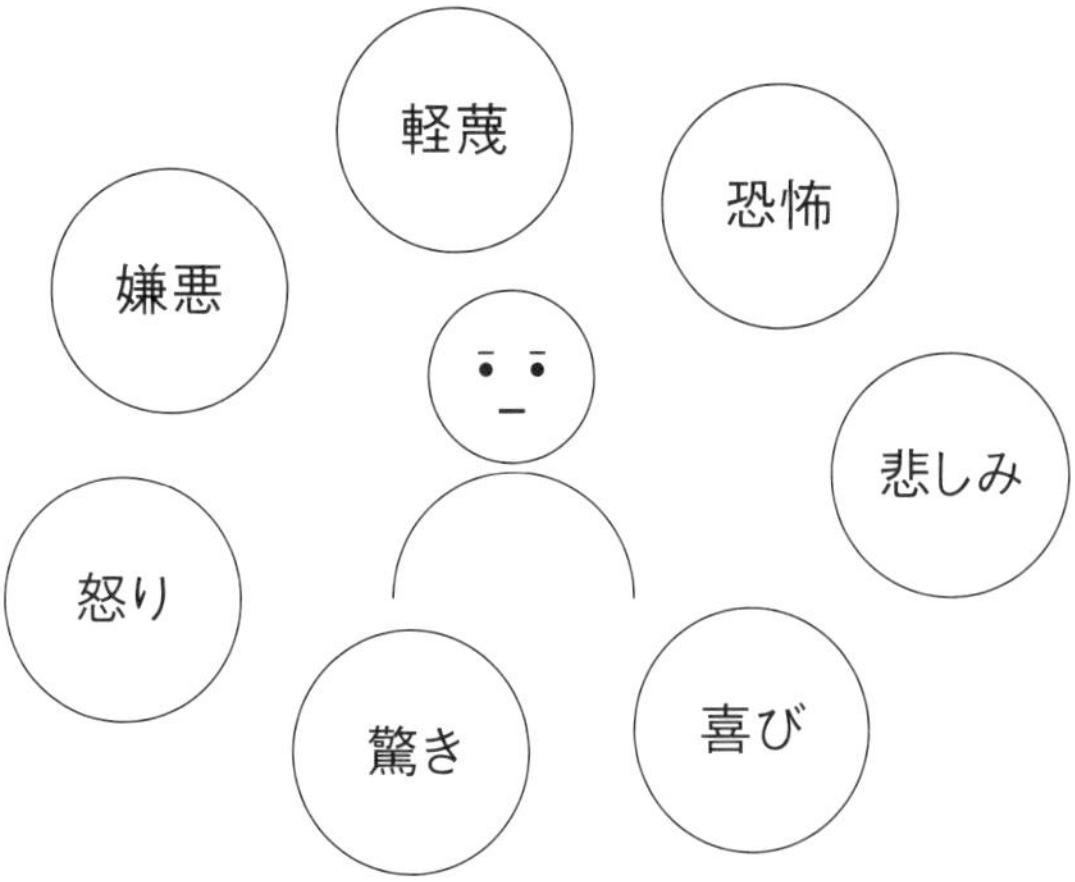

毎回、対面の会議の場を持ったりする必要はありませんが、大人数のブレインストーミングや、重大な決定に臨むときのような重要なタイミングでは、実際に顔を合わせて打ち合わせや会議を行うことが大切です。

■「微表情」から伝わること

リアルで顔を合わせると、ビジネスチャットやオンライン会議では体験できない効能があります。その場にいれば、身ぶりや声のトーンなどのコミュニケーション要素を活用して、聞き手にできる限り良い印象を与えることができます。

また、部下と上司の対話も、対面のほうがいいでしょう。とくに、まだお互いに関係構築ができていない段階であれば、ジェスチャーでの表現によって伝えたり、相手の「微表情」を読み取って心情を理解したりすることもできます。「微表情」とは、抑制された感情が瞬間的に表れては消える微細な顔の動きのことです。口元や眉の動きを見て、心に動揺が走った瞬間など相手の感情を読み取ることができます。

最近では多くの企業で、「1 on 1（1対1）ミーティング」が浸透しています。とくに部下のモチベーションが下がっているときは対面での1 on 1を推奨します。とくにデジタル化が進み個々人が場所に縛られず、どこでも働くことができるようになると孤立化する恐れがあり、それをリーダーはケアしていきます。

モチベーションの源泉である「内発的動機づけ」は、「自己受容」「有能欲求」「自立欲求」の3つで構成されます。対面の1 on 1では、うなずきながらの傾聴や明るい表情での承認が、自己受容と有能欲求に大きく影響することも、11社3122名の実証実験によって明らかになっています（クロスリバー社調べ・2019年11月）。

リアルな場でのコミュニケーションは、言語以外の要素でも伝わる

オフサイトだからこそ、築かれる人間関係

■余計な気遣いがないオープンなチーム作り

「オフサイト」とは「現場から離れて」という意味で、「オフサイト・ミーティング」とは職場や自宅から離れて一堂に会することを指します。グローバル企業ではよく行われ、私もマイクロソフトにいたときは、年に1〜2回程度参加していました。この「オフサイト・ミーティング」はあえて日常業務から離れて時間をとることに意義があります。それは、2つの効果を生み出すためです。

1つは「集まることの効率を高めること」です。多忙な日常業務のなかで関係者のスケジュールを調整していると、どうしても開催日程が先延ばしになり職場で何度も会議を行うことになりがちです。「オフサイト・ミーティング」として関係者全員の日程を一気に確保することで、次年度の計画などをじっくりと集中して話し合うことができるので、職

場で何度も会議をして決めるよりも効率が良いのです。

最も大きな効果は、2つ目の「人間関係の再構築」です。都会の喧騒から離れてリラックスした状態で腹を割って話し合う機会を設けることで、何でも言い合える関係性が作れるのです。自分が思っていることが言える心理状態（心理的安全性）だと、過剰な気遣いがなくなります。

そうなれば、職場や在宅勤務に戻っても、「今ちょっといいですか？」と気軽にメンバーに話しかけて共同作業が進みます。腹を割って話せる関係性が構築できると、リモートワーク中でもチームメンバーの陰口を叩いたり妬んだりするようなネガティブな感情が抑えることもできます。上司への余計な気遣いがなくなると、「このような具合に資料を作っていますが、イメージと合っていますか？」と作成途中で気軽に確認することができ、完成直後に差し戻し（作り直し）されるリスクも減ります。

■ブレストはアイデアの量にこだわる

社内会議の種別は「情報共有」「意思決定」、「アイデア出し（ブレインストーミング）」の3つという話をしました。「オフサイト・ミーティング」で最も効果が出るのは、ブレインストーミング（ブレスト）です。フラットでオープンな雰囲気のなかで、新しいサービスの案や複雑な課題の解決策を出していくのです。

「オフサイト・ミーティング」は、通常業務から切り離されるため、中断や中抜けがないので集中してアイデアを出す時間を確保できます。また、参加者の心理的安全性が確保され、リラックスできる場所であれば、普段の会議では出なかったような多様なアイデアが出てきます。

この「オフサイト・ミーティング」でのブレストで目指すべきは、参加者が出すアイデアの量の多さです。「良いアイデアを出す」ことを目的にしないことがポイントです。良いアイデアを出すというお題が出た段階で、出席者は委縮してしまい発言しにくくなります。アイデアが出なければ、本来の目的を達成できません。

「何でもいいから、たくさんアイデアを出す」というブレストに徹してください。オフサイトは、通常よりもリラックスしている状態ですので、アイデアは出やすいです。じつは「良いアイデア」というのはたくさん出されたアイデアの中に潜んでいることが多いのです。だからこそ、「良いアイデアを出す」という心の障壁を取り、たくさんのアイデアを出すことを目指してください。

アイデアの実現の可能性は考えずに、出されるアイデアの量にこだわりましょう。最初にくだらないアイデアを出して、「そんなのでもいいの？」と参加者に思わせて、参加者全員にアイデアを出させるのも良いでしょう。アイデアを出してくれたときには全員が拍手して、発案者の承認欲求を刺激しましょう。

弊社では、情報共有の会議の開催は禁止にしていますが、このアイデア出しの会議だけは、定期的に集まって実施しています。そこで大量のアイデアが出て、メンバー同士の心理的安全性が確保されるからこそ、日々のリモートワークがうまくいっているのです。

忙しいなかでもあえて時間をとってみんなで集まり、リラックスしてオープンな関係で話し合うことで良好な人間関係を構築できるのです。

遮断された環境のなかで、気軽に発言できる関係を構築する

メンバーの能力をかけ合わせて「チーム力」を上げる

■「チーム力」をアップする5つの要素

変化の激しい外部環境に対応し、顧客の複雑な課題を解決するには、自分1人ではなく他者を巻き込んで、自部門だけでなく他部門と一緒に仕事を進めていく必要があります。

1人で解決できる課題でも、複数名のチームで対処すれば、1人よりも短い時間で解決できます。とくにVUCA時代には、チームでより多くの課題をより短い時間で解決していくことが求められています。

そのためには、いかに複数名で構成されるチームを機能させるかが重要になります。チームをうまく機能させるには、**「心理的安全性」「共通目標の腹落ち感」「強みと弱みのかけ合わせ」「自主性」「感情共有」という5つの要素が重要になってきます。**

①心理的安全性

場所にとらわれることなく、異なるバックグラウンドの人たちが共同作業するには、過剰な気遣いは禁物です。気軽に雑談ができるような関係性を作り、自分の弱みをさらけ出すことができるように、腹を割って対話できる心理状態であることが真っ先に必要です。

②共通目標の腹落ち感

チームで達成すべき目標が共有されるのは不可欠です。その目的や意義が共有されていないチームは成果を残すことができません。クライアント企業22社でビジネス開発を行いましたが、予想以上の成果を生み出したプロジェクトは、そのメンバーの9割以上が意義と目的に腹落ちしていました。新たな挑戦をするときは不安で、行動が委縮しがちです。チームのリーダーは初期段階で意義や目的をしっかりメンバーが腹落ちするように、丁寧に説明してください。

③「強み」と「弱み」のかけ合わせ

「イノベーションとは新結合で起こる」という話をしました。既存の要素の組み合わせでイノベーションは起こるのです。チームでそういった組み合わせをするためには、チームの意識の中のテーブルの上にメンバーの「強み」と「弱み」を並べないと始まりません。チームで行動する際も、メンバーが持つ「強み」や「弱み」といった要素を組み合わせることで、チームの力が何倍にもなります。メンバーは恥ずかしがることなく自分の「強み」と「弱み」をさらけ出し、リーダーはそれを組み合わせる調整役になるのです。

④自主性

チームといえども、個々人での作業をベースとして、個々人で規律やモチベーションを維持することが必要になってきます。そこで、メンバーが与えられた自由と責任のもとに、自主的に取り組むことが求められます。その自主性を育むのは「自己選択」です。自分が何をやるかを自ら宣言し、その進捗をチームで共有していきます。自分でやると選択し宣言することで、内発的動機づけによって「やる気スイッチ」が入った状態になります。

⑤感情共有

各メンバーが「何を」「どのように」やっているかを可視化、共有することも大切です。「どのように」には「どういう思いを持っているのか」という感情も共有します。思いや感情を共有することで、チーム全体のモチベーションの向上にもつながります。承認欲求や、相手に対する感謝といった感情や、事象に関する感情込みの感想を共有し、一緒に前へ進みましょう。

チームで取り組むということは、1+1=2というような個人の作業の足し算ではなく、チーム内での力のかけ合わせによってパフォーマンスを高めていくのです。

正しいチームワークとは、全員が目的に向かって能力を発揮すること

「人間的なつながり」の醸成は不可欠

■「チームワーク」は時間と空間の共有から生まれる

「チームワーク」という点でも、コミュニケーションによって関係性を築いていくプロセスが欠かせません。チームでのコミュニケーションが自然発生的に生まれ、相互でフォローがなされていると、状況ごとにどう対応すれば良いかを自分たちで建設的に話し合うことができます。

「同じ釜の飯」という言葉があるように、一緒に食事をしたりしながら、時間と空間を共有することもチームワークを高めるうえで効果的です。チームで空間を共有して、視覚や聴覚だけではなく、嗅覚や味覚、触覚を使って信頼を形作ることで、チームワークが強化されます。

■「見下されている妄想」を取り除く「ザイオンス効果」

クライアント企業3社38１7名に対する調査で、「働くうえでの不安や不満があるのはどういうときですか」と聞きました。すると、「上司や同僚から自分が見下されていると感じたとき」と回答する方が17％もいたのです。

その真相を追求すべく追加研究を行ったところ、**「見下されている」と感じることが多いのは、心理学でいわれる「感情一致効果」の可能性があることがわかりました。**「見下されている」と最初に感じてしまうと、周りの人のちょっとした言動からも、自分を見下しているとネガティブな情報ばかりを無意識に集めてしまうのです。

この勘違いによって、落ち込んだり不安な状態から抜け出せなくなったりしてしまいます。チームで仕事を進めていくうえで、このネガティブな感情はマイナスに働き、メンバーの足を引っ張ったり情報を隠して困らせたりする行為を生み出してしまいます。

こういった「見下されている」という妄想を取り除くには、「ザイオンス効果」を用いるのが有効ではないかという仮説を立てて実験することにしました。「ザイオンス効果」は「単純接触効果」とも呼ばれており、繰り返し接すると、その人に対する好感が高まるといった心理効果です。実験結果から、対面して笑顔で会話をするとザイオンス効果が高まることもわかりました。

組織内で円滑なコミュニケーションをとるために、特段の用がなくても同僚に話しかけて意図的に接点を増やし、相手に対して興味・関心を持ち、良好な人間関係を構築しておくことで、不要な妄想を取り除くことができます。

■強いチームは「今ちょっといい？」がさりげなくいえる

会社の人間関係の中で最も多い悩みといえば、「気が合わなさそうな同僚とうまくやっていかなければならない」というものだと思います。仕事をしていくうえで、チーム内で意見や考えが対立してしまう状況は必ずといっていいほど起こるものです。

クライアント企業12社の中の突出した成果を残しているリーダーたちの言動を分析すると、ある共通点が見つかりました。それは、巧みなコミュニケーションスキルによって、人間関係の問題にうまく対処しているのです。成果を残すリーダーは、関係性がうまく構築できていないメンバーや、利害関係が異なる他部署のリーダーとスムーズな協力関係を築いていました。その手法が**さりげない声がけ**です。とくに用件がなくても相手に話しかけ、相手がどのような状況であるかを気にかけていました。

内発的動機づけ（やる気）を生み出す2つの心理

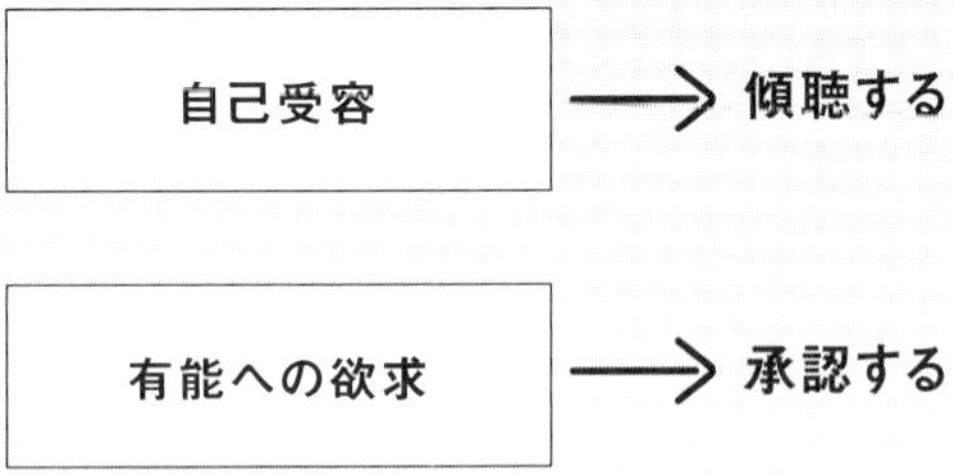

もし気軽に話せる関係性になっていないのであれば、会話を通じて相手に「自己受容」と「承認欲求」を感じさせたほうが良いでしょう。この2つを刺激されると、相手はモチベーション（内発的動機づけ）が高まり、協力してくれるようになります。

具体的には、対面もしくはオンライン会議でも、しっかりとうなずいて聞くこと。そして、相手の言葉のオウム返しや有能であることを認めることで、相手の承認欲求を満たすので（上図参照）。

もちろん、忙しいときに声をかけられるのは誰でも嫌がります。しかし優秀なリーダーは、**相手の様子をうかがって少し余裕があるタイミングで「今ちょっといい？」と声をかけているのです。**リモートワーク中であれば、ビジネスチャットなどで相手の状態（プレゼンス）を確認してから話しかけると良いでしょう。

優秀なリーダーは口角を上げて笑顔で接し、相手の発言に大きくうなずいて聞いています。しばらく話していない相手にも、「あなたの状況を確認したい」と積極的に話かけています。人は自分自身に興味・関心を持ってくれるのはうれしいものです。このことをうまく表現してカジュアルに声をかければ、相手は接することを歓迎してくれます。

こうした普段のカジュアルなつながりが、不要な勘違いや不安を取り除くのです。

メンバーの微妙な変化を感じ取り、孤立化をカバーする

第 6 章

変化が激しい時代に、必要とされる人になる「学び方改革」

More with Less

効率化によって「生み出された時間」をスキルアップに割りあてる

■ビジネスパーソンの67%が「スキルアップ」を熱望

クライアント各社の「働き方の改善」を支援するなかで、67%の社員が「自分のスキルを磨きたい」と願っていることがわかりました。

ムダな時間の削減や、やめることを決めて生み出された時間は、個人にとっての新規事業の開発ともいえる新たなスキルの習得にあてることで、生産性が高まります。日々の業務では、目の前の仕事で頭がいっぱいになることが多いからこそ、意識的にスキルを磨く時間を確保するのです。

もちろん、通常業務のなかで、ある程度スキルを磨いていくこともできるかもしれませんが、やはり新たなスキルは時間をとってじっくりと学ぶことによってこそ確実に習得できます。通常業務の傍らで学習するよりも、しっかりと時間をとって集中しながら学ぶことによって、より自分の身になるのです。

■研修成功の秘訣は「自己選択権」

スキルを身につけるにあたっては、会社から一方的に研修などを受けさせるのでは効果が上がりません。

人は「自己選択権」があるときに、幸せを感じやすいのです。ただいわれたことをやるだけではなく、自分がやりたいことをやるときに幸せを感じるわけです。

弊社の調査でも、「幸福が何によって決定されるか」を調べたところ、金銭的報酬よりも「自己選択権」、つまり自分で選ぶ権利を持っているかどうかのほうがより幸福度に影響することがわかりました。

ですから、スキルアップの研修メニューも、会社が一方的に社員に与えるのではなく、社員が習得したいスキルの要望を集めて、会社が受けさせたい研修と社員個人が自分で受けたい研修を一覧に並べ、社員自身にどの研修を受けるのかを選ばせるという手法も効果的です。これは、自分でメニューを選べる「カフェテリア式研修」と呼ばれています（原典：RIETI Discussion Paper Series 18-J-026）。

「研修費」×「満足度」と「離職率」の相関関係

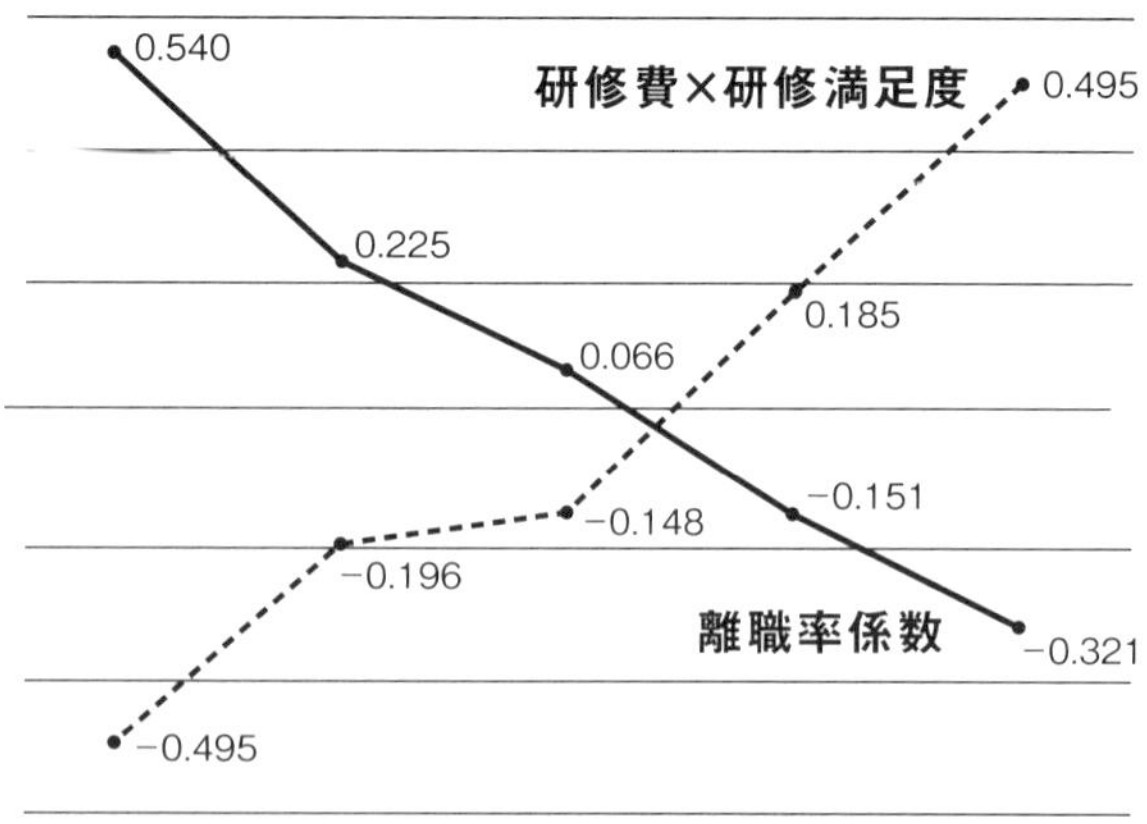

クロスリバー社調べ（2019年／対象企業17社）

17社に調査したところ、「研修にかける投資額」と「研修後の満足度」をかけ合わせた数字と、その会社の「離職率」は相関関係があることがわかりました（上図）。

つまり、社員に対する金銭的な報酬ももちろん必要ですが、自己選択権を持ったうえで研修を受けるというスタンスが社員にとっても会社にとってもベネフィットが大きくなります。

また、神戸大学と同志社大学による2万人に対する共同調査の結果、「主観的幸福感（いわゆる前向き志向）」の決定要素で最も重要度が高いのは「自己決定権」であると発表しました。（左ページ図）

働く個人で考えれば、会社から評価され、自分で選択できる研修が受けられるよ

主観的幸福感を決定する要因の重要度（標準化係数）

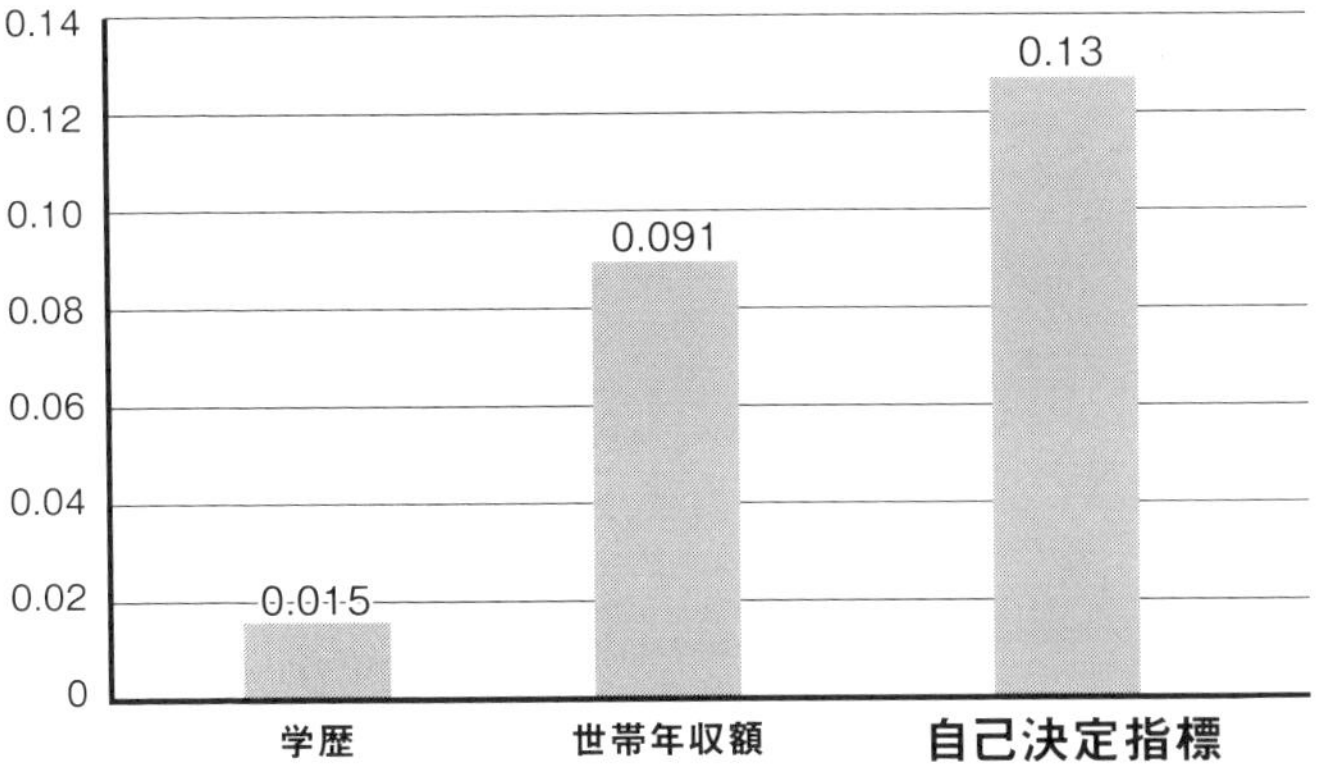

独立行政法人経済産業研究所による「幸福感と自己決定——日本における実証研究」2018年9月

うに、しっかり通常業務の成果を残していくという戦略も考えられるでしょう。自由と責任（自己決定権）は空から降ってくるものではなく、自分で勝ち取らなくてはいけないものもあるからです。

■「必要なスキル」は3つの輪の重なりから考える

実際にどのようなスキルが必要かを考える際には、自分ができることの「Can」、自分がやりたいことの「Will」、そして最後に会社が求めることの「Must」の3つの円を描いてみましょう（139ページ参照）。

これら3つの円をどう重ねていくかというのが、自己決定権とニーズを兼ね合わせ

**「必要なスキル」のヒントは
3つの円が重なる部分にある**

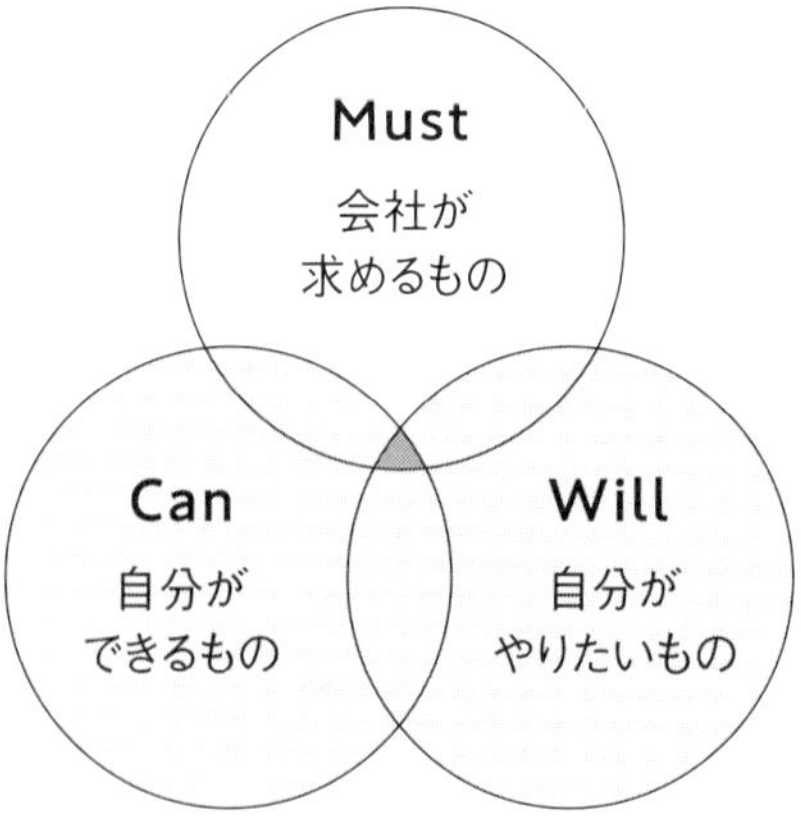

たスキルアップの戦略です。実際にどの円を大きくすべきかと考えて、習得すべきスキルを具体化していきます。

たとえば、世の中でＡＩのエンジニアが必要となれば、自分がＡＩを使った開発のスキルを身につけることで、「Must」の円と「Can」の円が重なってきます。

また、一方で自分が将来どういうスキルを身につけたいかという「Will」の部分を起点にして、自分のできることとのギャップを見つけて埋めていくというスキルアップも考えられます。やりたいことを優先するのであれば「Will」を起点に考えるべきですし、稼ぐことを最も重視するのであれば必要なことの「Must」と、できることの「Can」をいかに重ねていくかという戦

マズローの欲求5段階説

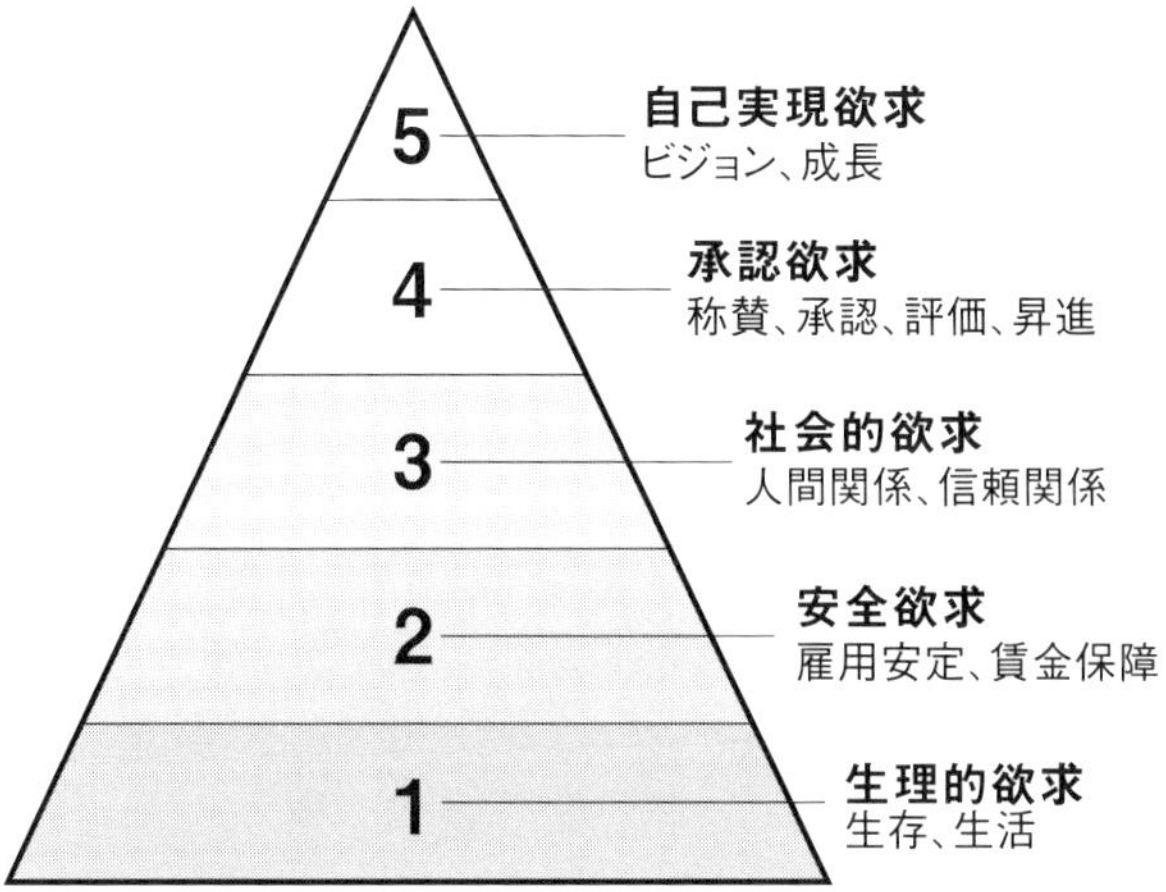

略を練るべきです。

■「自己実現」という山の頂上にあるものが、人の成長を促す

「人は自己実現に向かって成長する」という考えをもとにしたのが、心理学者アブラハム・マズローによる「欲求段階説」です。下から「生理的欲求」「安全欲求」「社会的欲求」「承認欲求」「自己実現欲求」となっていきます。「自己実現」はピラミッドの頂点に位置する最上位の欲求としています。

自己実現すべく働き手が自ら進んでスキルアップしていくことにより、これまでよりもさらに専門性の高い業務を行うことができるようになります。近い将来、ＡＩによる単純業務の代行が可能になれば、人間はＡＩではできない、より高度で専門的な業務に集約できるようになります。そうなると、少ない人員でも生産性は向上し、会社の利益、そして国の利益の拡大につながっていきます。

現役として働きながらスキルアップを行い、より高度で専門性の高い職業に就いていれば、定年退職後もその知識や経験、技術を活かして働き続けることができます。70歳まで働きたい、働けるだけ働きたいという高齢者が増えるなかだからこそ、いくつになっても学ぶ姿勢が大切です。

現役として働きながらスキルアップを行い、より高度で専門性の高い職業に就いていれば、定年退職後もその知識や経験、技術を活かして働き続けることができます。

必要なスキルを自ら選択し、率先して身につける

経験学習によって「錆びない働き方」が身につく

■「経験学習」の重要性

「学習」とは、教育心理学によると「経験によって生じる比較的永続的な変化」と定義されています。

ただし、ひとえに「変化」といっても、経験を積み重ねることによって、より頑なになっていくケースもあれば、より考える選択肢を増やして柔軟になっていくケースもあります。どちらに変化すべきかは、いうまでもないでしょう。

本や研修などを通じてある程度の基礎学習はできますが、それをどのようにビジネスに応用していくかを学ぶには実際に経験してみるのが最良の方法です。また、経験した内容を振り返って行動を修正していくことで変化に対応していくことができます。

こうした「経験」と「振り返り」を繰り返しながら学び変化していくプロセスを、組織

経験学習サイクル

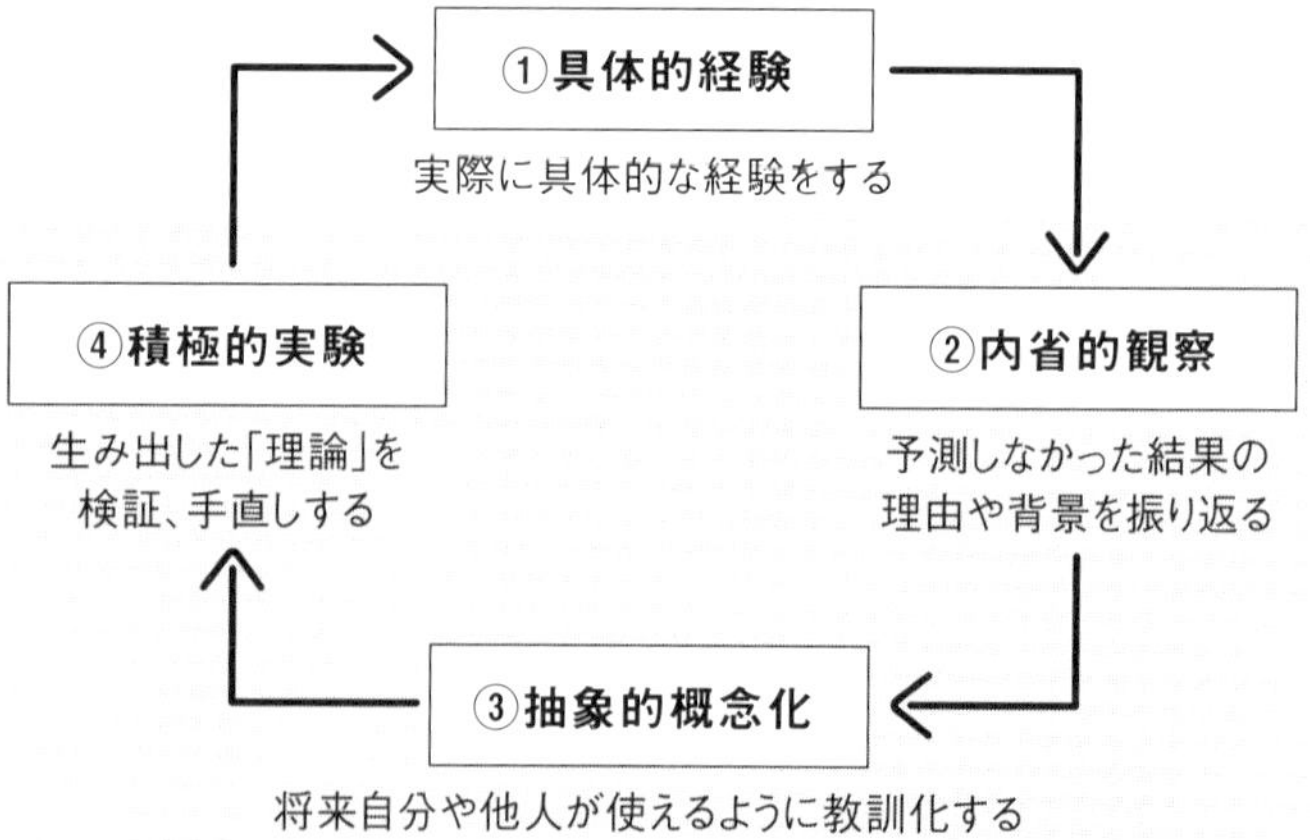

行動学者のデイビッド・コルブが「経験学習サイクル」として体系化しています（上の図参照）。

まず第1ステップで、実際に経験します。次のステップとして、経験後に内省をして予測できなかった問題がなぜ起きたのかを考えます。第3ステップでは、内省で得た学びや改善点をまとめます。そして、その学びを活かして行動を修正していくのが第4ステップです。この行動の修正によって新たな経験を得ることができ、ステップ1に戻ります。この循環サイクルで学習していくことで「錆びない働き方」が身についていきます。

■多様な経験は、変化への対応力につながる

「経験学習サイクル」を通して、自分の中に多様な能力と性格があることに気づくでしょう。心理学者のシーバート博士は、繊細でありながら図太かったり、楽観的でもあり悲観的でもあったり、外向的でありながら内向的であったりというように、自分の中にある「内面の多様性」を認めることでさまざまな状況に対応できるといっています。

実際にクライアント企業の多くの社員たちと対応してきてわかりましたが、「内面の多様性」に気づき、それを状況に合わせてうまく活用している人は、予測できないさまざまな出来事への「変化に対応できる強さ」があるのです。

多様な経験をして学んでいくことで「変化への適応力」が身につく

他の人が持っていない「価値の高い情報」の見つけ方

■価値となるのは「ギャップ」を埋める情報

情報のインプットは、必ずアウトプットありきで行います。情報収集すること自体が目的になり、集めたところで満足してしまうと当然成果につながりません。インプットに時間をかけ過ぎるのは、手段が目的化している可能性もあるので注意が必要です。

通常は情報自体にはそれほど即効性のあるものはなく、その情報から予測されるその先のことが価値とされます。つまり、情報という個々の点を線でつないで学びを得たうえで、未来に何が起こるかを示すことが求められるのです。そして、**未来への線を見極めるために点と点の間の「ギャップ」をいち早く埋めることが価値につながっていきます。**

とくに、成果につながる価値のある情報というのは、インターネットによる検索だけで入手できるものではありません。さまざまな**メディアから情報を入手し結合・編集するこ**

とで、価値のある知見へと昇華します。

重要な情報ほどインターネットには流れず、特定の人が持っています。ですから、事実を確認するうえではインターネットによる検索も必要ですが、点と点の間のギャップを埋めるためには豊富で多様な人脈を築き、信頼のおける人たちから情報をかき集めることが求められます。このように多様な情報源の特徴を理解し、情報収集することが必要です。

次に、主要な情報源の特徴と注意点を説明します。

1 インターネット

インターネットの普及によって「情報爆発時代」といわれたように、その情報量はぼう大です。ただし、信用できるサイトと、そうでないサイトなどさまざまなため、見極める力も問われています。

2 テレビ、ラジオ

YouTubeをはじめとするネットメディアが浸透しつつありながらも、世の中のムーブメントなどへの影響力はいまだに強いです。ただし、局や番組ごとに作り手の意向や考えが色濃く出るため、それを踏まえて視聴すること。

情報源となるメディアの特徴

メディアの種類	情報量	情報の「質」			速報性	獲得コスト
		信憑性（検証性）	希少性	創出価値		
1.インターネット	◎	△	×	△	◎	無料
2.テレビ、ラジオ	○	○	×	△	◎	無料
3.新聞	○	○	×	○	△	有料
4.書籍、雑誌	◎	◎	○ とくに業界誌	○	△	有料
5.対人コミュニケーション	△	関係構築されていれば○	◎	◎	×	関係構築されていれば無料

3　新聞

新聞社によってリベラルや保守など思想的なものも異なるため、記事にも各紙の論調の違いが出ており、その特徴を理解したうえで読むこと。

4　書籍、雑誌

著者や記者が取材を通して得た情報を、さらに編集して整理されるため、そのような過程によって情報の質が高められています。業界特性が高い情報の収集には、ビジネス書や専門誌が最適。

5　対人コミュニケーション

信頼がおける人からの情報は、一般的に質が高い。価値の高い情報を得るためにはメンター（良き指導者）など良質な人脈を作っていくことも重要。

多様な情報ソースの特徴を理解し、求められる知見を蓄積する

情報収集は効率重視。100%を目指さない

■100%の情報は、10年たっても集められない。

弊社では18社7311名を対象に、「100%の情報を集めようとするグループA」と「およそ6割程度の情報が集まったら行動に移すグループB」とで比較実験をしました。

グループAでは十分な準備時間をとっており、自信を持って行動に移しているためか、精度は高いものの初動が遅かったのが特徴的です。一方、グループBは情報収集に時間をさほどかけなかったものの、行動を起こすタイミングは圧倒的にグループAよりも早く、結果的に振り返りのタイミングも早く、その振り返りによって得た学びを活かした次の行動で大きく改善する傾向にありました。

このことからも、**6割、7割ほどでも情報を集めてすぐに行動することが重要です。**ある程度の精度と時間を決めて、効率的に情報収集することを意識しましょう。

情報を集める際には、**網を張って自動的に関心のある分野のニュースが集まってくる仕組みを作ると、短い時間で成果を出せることにもつながっていきます。**たとえば、特定の情報を集めたい場合はキーワードを入力して検索することになると思いますが、そのキーワードを何度も検索するのであればGoogleアラートでキーワードを登録しておいて、その情報が引っかかったら通知が来るというような仕組みにするのです。

■Google検索の恣意性に左右されないために、情報を絞り込む

Google検索においては広告による意図的な誘導に惑わされないようにするのも重要です。Googleは検索後の広告表示によってビジネスを成り立たせています。重要度や時系列ではなく、広告を出している企業が上位に並ぶようになっています。

Google検索の結果の上位に並べばクリックされる可能性が高いので、高額な広告料を支払うスポンサーがなるべく上位に掲載されるようにしているのです。こういった恣意的な検索結果に左右されないように、検索対象を絞り込むことが有効です。

たとえば、複数のキーワードを「and」でつなげて入力すれば両方のキーワードが含まれた検索結果となり、絞り込むことができます。逆にキーワードやサイトＵＲＬの前に「－」を付ければ、特定のキーワードやサイトを除外して検索することができます。検索

Googleアラートの設定

1. Googleアラートにアクセス

https://www.google.co.jp/alerts

2. キーワード登録

3. オプション設定

配信頻度、ソース、言語、地域、件数、配信先を設定

したい内容が明確であれば、指定したいフレーズを「"」「"」で囲って検索すると、その指定フレーズが順番通りに含まれる情報のみがリストアップされます。このように検索対象を絞ることで、Googleの広告に惑わされることなく目的の検索結果にたどり着きやすくなります。

■自動で関心分野のニュースを集める Googleアラートの設定方法

Googleアラートとは、自分が調べたいキーワードを登録しておくと、そのキーワードの最新情報をメールやRSSで配信してくれる無料サービスです。

Googleアラートを使用する際、言語設**定は母国語だけではなく、英語も設定にし**

て検索をかけるようにしてください。地域も母国だけでなく、そのキーワードが発信されやすい地域を指定したパターンも作っておくことをおすすめします。

たとえば、ＩＴなどのテクノロジー関連は「英語・米国」の設定をしておいたほうが情報量が多く更新が速いです。先に説明した通り、点と点のギャップを埋める情報がビジネスにつながるので、母国語ではなかなか見つけ出しにくい情報を先んじて入手することで、希少性とスピードのギャップを埋めることができます。

情報が集まる仕組みを活用して、点と点のギャップを埋める情報を手に入れる

情報収集には「バイアス」が潜んでいることを忘れずに

■「後知恵バイアス」と「認知バイアス」

情報収集するうえで気をつけなくてはいけないのは、「バイアス」です。事実や本質の信頼性を歪める心理的法則や効果を総じて「バイアス」と呼び、人がものを考え、発信する以上、必ずそこにはバイアスがあります。

バイアスには、大きく2種類あります。1つ目は「後知恵バイアス」です。過去のケーススタディや昔の評価、かつての体験を元にして、予測可能であったかのように判断してしまうことを意味し、「経験則」とも呼ばれます。そして情報収集において注意が必要なのは、2つ目の**「認知バイアス」**です。偏見、思い込み、噂や迷信など、根拠がない意見、既存の知識範囲、陳腐化した経験に基づいて判断してしまうことです。

とくに、代表的な「認知バイアス」とその説明を図にまとめました。

代表的な認知バイアス

1. 確証バイアス：自分にとって肯定的な都合のいい情報ばかりに目がいく

無意識的に自分に都合のいい情報ばかりに目がいき、それ以外の情報は目に入らない。

例｜購入した車に対する否定的な情報には目を向けない

2. 観察者バイアス：悪いところばかり見る傾向

自分の想定する方向ばかりに目がいく傾向。とくに悪い面ばかりに目がいき、良い面には目がいかない。

例｜人がちょっとしたミスをしたら、その人のすべてを否定的に見る

3. アンカリング効果：最初の基準に影響を受ける

最初に印象に残った数字などが基準となって判断に影響を及ぼす。とくに日本人は大きな数字や9や8に影響を及ぼされやすい。

例｜1万円と書かれた値札に、9800円と上書きされて値引きを表示
30万人がリモートワークに参加というニュース（実際の参加率は0.5%）

4. 代表性バイアス：ステレオタイプ

典型的なケースを基準にしてとらえる。

例｜スーツを着てメガネをかけているから真面目そう

こういったバイアスを除去する方法は、主に次の3つです。

・論証できない仮説、データのない根拠はないか確認する

・他のソースからも情報を集めて確認する

・できる限り数字や複数のデータを集めて主張の信憑性を確認する

バイアスの傾向や特徴を知り、情報収集および分析の際に留意しましょう。こういった偏りや特徴を意識するだけでもバイアスの罠から抜け出しやすくなります。

とくにGoogle検索は注意が必要です。情報を探す前から、その結果を想像してしまうと「確証バイアス」によって、その結果に近い情報に目が行きがちだからです。そうなると自分の思い込みを確認するだけになってしまいます。また、Googleの検索結果の表示順は各社の最適化対策によって意図的に操作されていることも理解しておきましょう。

そもそもGoogleの検索結果は誰でも入手できる情報です。そこからバイアスを取り除き本質的な情報を得るようにしないと「稼げる価値」にはなりません。
また、自分しか知り得ない情報というのは、一次情報（自分が直接見聞きしたり体験したこと）以外にはなかなか入手できないものです。しかし、「イノベーションとは新結合」という言葉が示すように、一次情報と二次情報（一次情報を加工したもので文献等）を組み合わせることで、価値ある情報になる可能性もあります。

相手や周りの人が求めている情報で、かつ入手が困難であるという「需要と供給のギャップ」を埋めるのが効果的なインプット術です。

「認知バイアス」があることを理解し、他のデータや情報ソースで確認する

「速読」と「多読」でインプットする情報量を増やす

■インプットは「量」にこだわる

アウトプットの質を高めるうえで、インプットの量を増やすことはとても重要です。バイアスに気をつける必要はありますが、インプットは質ばかり追ってしまうと大切な情報を逃がしてしまうので、多種多様な情報をなるべく広く網をかけて拾い上げるために、「量」にこだわったほうが結果的に貴重な情報と偶然に出合うことができます。

特定のテーマだけを掘り下げるのではなく、自分の得意な軸を半歩ずつずらしていく戦略で、幅広いインプットをしていきます。そうすると、専門分野や得意分野の知見を活かしながら幅広い情報が入りやすくなります。

私は週に7冊以上の読書をすることをルール化しており、同時に経営大学院でマーケティングの授業を受講したり、ニューヨークで開催された会計士向けのオンラインセミナーに参加したりして、自身の講演や執筆、コンサルティングといったアウトプットに役立てています。

とくに、読書はインプットのメインの手段としており、書籍によって読み方を変えています。基本的に、読書による学習は、文章を読んで内容を理解することが目的です。そして、文章を理解する方法として、主に「速読」「多読」の2つの読書法を意識して使い分けています（読書に慣れていない人が確実に情報を吸収するための読書法は「精読」です）。

■「速読」とは、素早く読んで内容を理解する方法

速読によって、短い時間で大量の情報を処理することができます。私は7年前から速読術を身につけ、絵本のようにページを絵としてとらえ、脳に記憶させています。英語の専門書は速読できませんが、理解不能な専門用語がさほど多く含まれていない日本語の書籍であれば、速読ができるようになりました。ページのめくり方にもコツがあり、ページ全体を見渡してテンポ良くページをめくる必要があるので、電子書籍ではなく紙の本を読んでいます。

速読術により、週に7冊以上の書籍を読破できるようになりました。こういったテク

速読と多読の特徴

方法	速読	多読
目的	・効率重視 ・短時間でインプットする	・普段読まないようなジャンルの本を読む ・語彙力を増やす ・知識の幅を広げる
メリット	・短時間で大量のインプットができる ・ビジネス文書の処理能力もアップ	・さまざまな観点でものごとを見ることができる ・複眼的思考力がつく
デメリット	・重要な部分を飛ばしてしまい、十分に理解できていないことも	・幅を広げ過ぎると集中力が維持できない ・興味関心が分散して士気が下がる

ニックを身につけると、その後の読書の効率は格段にアップします。さまざまな速読術がありますが、まず速読術の書籍を何冊かじっくり読むことをおすすめします

速読術は、読書だけでなくビジネス文書やメールの処理でも役立ちます。学会の報告書や、クライアント企業の経営会議の議事録、長文のメールなど、文字がぎっしり詰め込まれた文書を1つひとつ読んでいくのは効率が悪いので、重要な部分をパッパッと読んでいきます。

■「多読」とは、幅広いジャンルの本を読む方法

多読とは文字通り、多くの書籍を読んで触れること。ひたすら幅広く多くの書籍に

触れるのです。普段、ビジネス書を読む習慣のある方は他のジャンルの読書に挑戦する際には、この多読がおすすめです。

私は週7冊の読書の中に、必ずビジネス書とは異なるジャンルのものを2冊入れています。たとえば、体を動かすストレッチの教本であったり、日本文学の小説であったり、文化の多様性を学ぶ洋書であったりです。さまざまな文章を読むことで視野が広がり、また、共通性や違いを意識することで理解が深まり、先述の速読術と組み合わせることで、短い時間で多様なインプットできるわけです。

速読と多読によって読む本の量を増やしていくと、偶然の出合いや新結合をもたらす可能性が高まります。たとえば、管理職の育成法について解決策を探していた際に、その答えが歴史小説の中にあったり、AIの応用技術を学んでいた際に、漫画の中にそのヒントがあったりするようなケースもそうです。

インプットは、量にこだわり、偶然の出合いを見逃さない

アウトプットは「頻度」にこだわる

■アウトプットの先にゴールがある

情報があふれる現代社会では、アウトプットよりもインプットを重視しがちです。クライアント企業の従業員約12万人に対して「時間の使い方」について調査したところ、73%もの人がアウトプットよりもインプットに時間を費やしていました。そこで、アウトプットの時間を増やす行動実験を12社で実施したところ、インプットの時間とアウトプットの時間が両方とも増えていきました。

ゴールが決まっていないのに、努力を継続することは難しいものです。また、もちろんゴールがないのに努力しても結果にはつながりません。これはインプットとアウトプットの関係でも同じです。頑張って情報を集めても、それを吐き出さなければ、情報太りするだけで意味がありません。とくにありがちなのが、インプットすることばかりに躍起になったり、インプットした時点で満足したりと、手段を目的化してしまうこと。いくらインプットしてもアウトプットにつながなければ、自分が望む未来を手に入れることはできません。

たとえば、「起業すること」が目的の人は、起業したら目的は達成したことになります。一方、「起業して新たにビジネスを生み出し、地元を復興すること」を目的にしたら、起業してからが勝負です。それに向けた正しい行動を継続していくはずです。

最終的に、自分の価値はアウトプットの質で決まりますから、必ずアウトプットすることを目的にインプットしてください。

■記憶力が良いだけでは通用しない

インプットによって蓄積した有用な情報は、まず記憶しておいて、いざというときにアウトプットできるように備えようとしてしまいがちです。しかし、それでは質の高いアウトプットにはつながりません。ただ単に情報を蓄積しておくだけであれば、ハードディスクやＡＩなどのテクノロジーに代替されてしまいます。記憶しておくこと自体の価値はなくなっていくのです。

蓄積した情報の見つけ方（検索方法）を知り、いつでもすぐにその情報を探すことがで

きるか、その情報をビジネスにどう活かすか「考えること」が大切なのです。その断片的な情報をつなげ合わせることでイノベーションが生まれます。異なるバックグラウンド同士がつながることで、これまでに見当もつかなかった良質のアイデアが生まれてくるのです。こういった知りたいけど知らないアイデア（価値）にこそ、人はお金を払ってくれるのです。

■アウトプットを習慣化する

意識を変える前に、行動を変えるほうが結果として意識が変わりやすいです。ですから、まずアウトプットをする日や頻度を決めてください。

何かを学んだら、すぐに他の人と共有したり、SNSで発信したりしてみてください。初めは恥ずかしいかもしれませんが、見ず知らずの方から「いいね！」などの反応があるとうれしくなって、また投稿しようと思ってしまいます。

上司からの指示があったわけでなくても、新商品の提言書を作成してプレゼンしてみたり、社外にメンターをもって話を聞くだけでなく、自分でテーマを設定して定期的に説明してみたりするのも良いでしょう。

私は、月に1回の頻度でオーストラリアにいるメンターとSkypeのビデオ通話で、日本でのビジネストレンドを3分で話すようにしています。その中身と伝え方に対して、メンターがフィードバックしてくれるのです。こういった定期的なアウトプットをスケジュールに入れてしまえば、自分を適度に追い込み、日常でインプットをする動機づけにもなります。

たとえば、営業担当ならば、顧客と共鳴して、自分が意図する行動を顧客に起こしてもらうような情報が重要になります。まず、顧客と接している時間（インプット）を増やすことによって、顧客の悩みにアプローチ（アウトプット）することが大切です。顧客が知りたいことを習慣的にインプットしていると、アウトプットの質も上がっていきます。

何のためにインプットしているかを考え、アウトプットを習慣化する

第 7 章

「働き方」と同じくらい大事な「休み方改革」

More with Less

人生100年時代に大切なのは「変身資産」と「健康貯蓄」

■70代まで働くことが当たり前の時代

ロンドン・ビジネススクールのリンダ・グラッドン教授とアンドリュー・スコット教授の著書『LIFE SHIFT』（東洋経済新報社）では、私たちの寿命が延び、「人生100年時代」を迎えるという提言がありました。約100年前の1914年に生まれた人が100歳まで生きている確率はわずか1％でした。しかし、2007年生まれの50％は107歳まで生きると推測されています。

寿命が延びれば、70代、さらには80代まで働くことが当たり前となっていきます。そうなると健康、人間関係そしてキャリアについて、「人生100年という単位でどう取り組んでいくか」を考えて生きていかなければなりません。

そこで重要になるのは、『LIFE SHIFT』では、**生涯に渡って「変身」を続ける覚悟**としています。そして、見えない資産として「変身資産＝変身できる能力」を持つことを提言しています。「人生100年時代」を生き抜くためには、指示された仕事をするだけではなく、自分の意志で学び続けないといけません。若いときだけ学ぶのではなく、むしろ年をとってからのほうが自発的に変化に対応していく能力が求められます。

■「無形資産」のうち、とくに「健康貯蓄」が大切になる

『LIFE SHIFT』でリンダ・グラッドン教授が重視したのは、「無形資産」です。「無形資産」には、「生産性資産」「活力資産」「変身資産」の3つがあります。「活力資産」の中に「健康」を挙げています。いくら仕事で成功しても、健康を損なっては意味がありません。「健康」は、お金と同じように蓄えをしなくてはいけないのです。

健康であり続けるためには、自身の体をこまめにメンテナンスして良い状態を維持しなくてはいけません。健康への投資の見返りが健康貯蓄となり、長い人生のなかで活力にあふれた幸せな時間を過ごすことができます。

健康のために大切なものの1つが「運動」です。日々の仕事に追われると、運動する時間を作りにくいかもしれませんが、ちょっとしたことでもいいので習慣にしてしまえば良いのです。

とくに、ウォーキングやジョギング、ヨガなどの「有酸素運動」はダイエットだけでなく、脳への刺激（アイデアがひらめきやすくなる）や、ストレスの緩和にもなり、心身ともに健康を維持するのに効果的です。とくにリモートワークでは長時間イスに座っているために腰を痛めたり、気分転換がしづらくストレスを溜めがちです。週に2回は「有酸素運動」をする習慣を作ってください。

わざわざスポーツジムに行くのがおっくうなら、家の近くを歩いてみるのも良いでしょう。ウェアラブル端末やアップルウォッチを使えば、その運動履歴を見ることができるので、その成果を見ることによって行動の継続の動機づけにもなります。

■「コミュニティ」が活力と情報をもたらす

『LIFE SHIFT』では、活力をもたらすものとして「人脈」を挙げています。孤独になることによって、肉体的にも精神的にも健康を害することはさまざまな調査でわかっています。さらに、職場で孤独感を感じることも、仕事のパフォーマンスに悪い影響が出るといわれています。

「人脈」を構築することによって得られるベネフィットの1つは、ユニークな情報が獲得しやすくなることです。心がつながった腹を割って話ができる「強いつながり」が結びついている人同士では、自分の興味関心と関わりのある、さまざまな情報が入ってきやすくなります。

具体的に、「強いつながり」とは毎日やりとりをするような仲の良い関係性の人たちです。人類学者のロビン・ダンバーは、親密な人間関係を維持できる限界は150人と述べています。特定のテーマについて特定の対象に対する話などを聞くのであれば、「強いつながり」が活きてくるでしょう。「強いつながり」を持つことで、腹心が知れて関係を維持しやすくもなります。

一方、「弱いつながり」からは、自分の興味関心からは遠ざかるものの希少性のあるユニークな情報が入りやすくなります。これは「人脈」というよりもむしろ「コミュニティ」と表現されることも多いです。「弱いつながり」のほうが、異なる業界の話が入りやすくなります。

■仕事でも人生でも、「成果」は健康であるからこそ出せるもの

労働時間の上限を決めずに働き続ければ、健康を損なうリスクが高まることは誰しも頭では理解しています。しかし、目の前に仕事があるとそれを片づけることに必死で、健康のことを忘れてしまう場合もあるでしょう。若くて体力があるときには、思う存分働いて

経験を積み重ねたい人も多いかもしれません。

しかし、いずれにせよ私は長時間労働することに反対です。「人生100年時代」といわれ、幸せと働きがいを感じながら人生を謳歌するなかで、健康を損ねてしまったら取り返しがつきません。

何より、健康と成果は両立させることが大切です。 健康であることは人生において最優先事項です。それ以上に大事なことはありません。もし健康を損なう働き方をしてしまっているのであれば、目的と手段をはき違えていますから、根本から見つめ直してください。

健康は最優先事項。人脈は活力をもたらし、仕事でもプライベートでも必須

「働き過ぎ」は古き悪しき文化

■「残業」は自己満足に過ぎない!?

始業から定時までは集中できなかったけれども、残業している最中は時間を忘れて没入ができてしまうと、自分は有能ではないかという勘違いが生まれやすくなります。いわゆる、「勝手な自己満足」（主観的自己満足）が形成されてしまうのです。

弊社では22社を対象に、残業時間が月に「60時間以上のグループA」と「60時間未満のグループB」で比較調査しました。すると、グループAはBに比べて、残業の翌日にストレスを感じる人が3・5倍、食欲がないという人は2・7倍でした。さらにグループAで重篤な病気、疾患がある人はグループBの1・9倍という結果が出ています。

また、これは実証実験はできなかったものの、あるクライアント企業の産業医に聞いたところ、残業を月に60時間以上すると、精神疾患になる確率が3倍以上になるそうです。

■自己認識がない「働き過ぎ」が招いた二度の失敗

私は20代の頃に、会社で寝泊まりするような過酷な労働環境を経験したことがあります。

当時は、部下は上司よりも早く出社して遅く退社しないといけないというような暗黙のルールがありました。職場で唯一の20代であった私は、朝7時には出社して全員の机を水拭きして、部長のコーヒーと灰皿を用意していました。仕事が終わるのは深夜2時、3時はざらで、自席の横に段ボールを敷いて寝泊まりすることもありました。

そんな生活をしながら私が所属していた人事部は、労働組合との交渉をする立場だったので、労働組合から外され残業抑制はされていませんでした。

しかし、仕事自体はすごく楽しく充実感で満ちあふれていました。若手であったにもかかわらず、会社の経営に関わる資料作りや全国各支店との調整などを任され、評価もされていました。同期入社の中でも最も早く出世させてもらったので、感謝をしていました。自由と責任を与えてもらい、時間を気にすることなく存分に働いていたことが充実感につながっていたのです。おそらく、この時期に残業を抑制されていたらモチベーションを落としていたでしょう。

ただ、この生活は長くは続かず、体調を崩してしまいました。床に敷いた段ボールで寝泊まりをしていたある日、朝起きたら靴の履き方がわからなくなってしまったのです。ふと気がついたら片方は革靴を履き、片方は裸足のままトイレに行っていました。

先輩に指摘されて、医者に診てもらったら精神疾患でした。明らかに睡眠不足で、体と心を崩してしまったのです。幸運にも、数週間で復帰できましたが、同じ段ボール生活をしていた他部署の同期は同じ時期に体調を崩し、いまだに職場復帰できていません。

じつは、グローバル企業で管理職をしていた際にも、軽いうつ症状になったことがあります。そのときも睡眠時間が短かったのです。同じミスをしてしまった私は深く反省し、「働き方」を大きく変える転機になりました。

■自律神経のバランスに効果的なストレス解消法

私のように最初は自覚症状がなくても、ストレスを強く感じると自律神経が乱れ、精神疾患のリスクも高まります。『自立神経は引き算で整える』（ディスカヴァー・トゥエンティワン）によると、「自律神経とは、体内活動に必要不可欠な器官の活動を、意思と関係なく自動的に調整している神経のことです。そして、自律神経失調症とは、この機能が乱れて体にさまざまな不調をきたしている状態を指します」といいます。

自律神経には昼間や活動しているときに活発になる「交感神経」と、夜やリラックスしているときに活発になる「副交感神経」の2種類あり、それらのバランスをとることが大事です。ストレスや不規則な生活習慣などによって、自律神経のバランスが乱れると、私のように心身に不調をきたしやすくなります。

まずは、生活習慣の基盤となる、「食事」「労働」「「睡眠（詳細は、このあとの項目で）」「休養」「運動」を見直しましょう。

たとえば、ストレスを感じると、つい食べたり飲んだりする量が増えてしまいがちですが、一時的にリラックスできたとしても、かえって体にとって良くない影響を与えかねません。

働く時間や仕事量は、適切でしょうか。一時的には無理をしなければならない状況もあるかもしれませんが、慢性的に長時間労働だったり、キャパシティをオーバーした仕事量だったりすると、明らかに健康的な生活を脅かす要因になります。休むときは休むという、メリハリも大事です。

人生はよくマラソンにたとえられることもありますが、全速力で走り続けていたら、体が持ちません。何もしないでボーっとするのも、心身をリフレッシュするための大事な休養時間です。また、適度な運動をすることでリラックスでき、それが働く活力にもつながっていきます。

普段から自分の気持ちや体の変化について、気にかけるようにしましょう。そのためにも、「自分がどんなことにストレスを感じやすいか？」「自分がどんなときにリラックスをするか？」を知ることです。ストレスを感じやすいことも、リラックスできることも、その人ごとにさまざまだからです。

今すぐできることとしては、『自律神経は引き算で整える』で紹介している引き算の考え方も大切です。パソコンやスマホを使用する時間の引き算。カフェインやアルコール、甘いものなど食事の引き算。インプット過多になりがちな情報の引き算。精神的なストレスにつながりやすい自分に対する否定的な考えの引き算などもそうです。これらは、仕事だけでなくプライベートでも「やらないことを決める」ということにも近いでしょう。

心と体の健康を整えることで、長く働き、長く幸せを感じることができる

「睡眠」は生産性アップのエネルギー源

■「睡眠」と「パフォーマンス」の密接な関係

健康のために、「睡眠」は現在とても注目されている大きなテーマです。「睡眠時間」は削ってはいけないというのは、私自身の過去の経験からもいえます。とくに「睡眠時間の長さ」とともに「睡眠の質」は、仕事のパフォーマンスに大きく影響を与えます。慢性的な睡眠不足が解消できれば、仕事のパフォーマンスが劇的に向上することは科学的に証明されています。

欧米の研究では、スポーツ選手に睡眠時間を1時間多くとらせた結果、それだけでパフォーマンスが劇的に向上したということも報告されています。短期的には注意力、集中力、思考力が改善し、長期的にはがんや認知症などの健康リスクが低減されます。長い間、働きがいを感じるには、毎日十分な睡眠を確保することが必要条件です。

すでに説明した通り、私は二度体を壊しました。運良く数週間で復帰できたのですが、10年以上復帰できずに病気を抱えている友人は複数います。私も含め、周囲で体を壊した人に共通する原因が睡眠不足です。

慢性的な睡眠不足は健康に重大な影響をもたらし、また仕事のパフォーマンスも著しく低下させます。睡眠不足によって最もダメージを受ける脳の回路は、注意力、集中力、視野、行動障害に関わる回路です。過敏になってイライラすることが多くなり、躁状態と鬱状態を頻繁に繰り返すそうです。

「昼寝」が効果的であることも長年いわれています。弊社のクライアント企業でも「パワーナップ（短い仮眠）」を推奨するケースが増えており、昼寝用の小部屋を設けている職場もあります。

カリフォルニア大学サンディエゴ校のダニエル・クリプペ博士は、2002年がん研究に参加した110万人を対象に「睡眠と健康」に関する調査を行いました。この調査によると、睡眠時間が約7時間（6・5時間以上7・5時間未満）の場合、最も死亡率が低かったとのことです。そして着目したいのは、7時間より睡眠時間が短い人も長い人も死亡率が上がっているということです。どうやら睡眠は短過ぎても、長過ぎても良くないようです。

体調を崩したら元も子もありません。「限られた時間のなかで、睡眠時間をきちんと確保しながら、どれだけの成果を残せるか」というルールに変わったと割り切って、健康第一で過ごしてください。

「睡眠」で心と体の健康を維持することは、人生の最優先事項

週末は「休暇脳」でしっかり休む

■休暇後に、頭がさえる人、鈍る人

休まないと結果としてパフォーマンスが落ちます。休みなしで働き続けることはかえって非効率的ともいえ、仕事のアウトプットはもちろん、体にも悪影響を及ぼす可能性をはらみます。休むことは、疲れをとるためはもちろん、仕事で良いパフォーマンスを発揮するための一環としてとらえておきましょう。

弊社がこれまで「働き方改善」の支援で関わったなかの600社の調査では、「休暇にやることがない」と答える社員が23％いました。こういった回答をする人の70％以上が長時間働く傾向にあり、思うような成果は残せていないと答える社員は63％いました。

そこで、休暇中にどのように過ごすとストレスが減り、脳の動きが活性化するかという調査結果も参考にして4つ示します。

1　デジタルデトックス

いくら休もうと思っても、パソコンやスマホを見ている限り、脳は動き続けています。また、テレビやパソコン、スマホなどの液晶画面から発するブルーライトは、視力に有害というだけでなく、体内時計を狂わせてしまい、睡眠にも悪影響を与えるという研究結果も数多く出ています。休息をとる際には、デジタル機器と一定期間距離を置くことが大切です。

2　外に出て日光を浴びて、自然に触れる

日光を浴びると、セロトニンという精神の安定にも重要な神経伝達物質が分泌されます。1日30分ほど、日光を浴びると良いといわれています。セロトニンは夜になるとメラトニンに変化して、睡眠の質にも影響を与えます。また、森林浴を通して自然に触れることで、欧米ではセラピー効果があると人気のようです。

3　体を適度に動かす

運動は健康に良いだけではなく、ストレスの解消や不安感情をやわらげるなど、メンタルヘルスにも効果があるといわれています。運動は、うつなどの精神疾患の予防や治療にも

取り入れられています。本格的なスポーツでなくとも、ウォーキングや散歩など、ちょっとしたことから始めてみてはいかがでしょうか。

4　好きなこと、楽しいことをする

好きなこと、楽しいことをしていると、免疫力がアップするという研究結果もあります。それに、好きなこと、楽しいことをしていると時間があっという間に過ぎてしまうように、何か1つのことに没頭しているフロー状態によって、幸福感情も高まります。また、好きなこと、楽しいことはイメージするだけでも、脳に良いポジティブな感情が生まれるようです。

■〝休暇近づき効果〟で仕事の効率が高まる

長期休暇や週末の休みが近づいていると思うだけで、仕事の効率が上がります。弊社で22社約9000人を対象に調査したところ、パフォーマンスが高い上位5％にあたる「超」がつくほど優秀な社員は、金曜日の夕方に達成感と幸福感を感じていることがわかりました。

彼らは、準備に時間をかけて状況に応じて柔軟に行動を変えながら期待以上の成果を残

します。そのために、休暇明け前の日曜日の夜に、健康面でもタスクでも準備が整っています。月曜日からロケットスタートして、金曜日の夕方にはタスクが終わり達成感を感じているのです。さらにいえば、金曜日はスーパー優秀な社員でなくても、業務効率が高い傾向にあることが判明しました。

他の調査では、金曜日は「やらない作業を決める確率」が他の曜日よりも高いことがわかりました。**迫りくる休暇に向けて、できない作業を勇気を出してあきらめるのです。**のちにアンケートをとると、この金曜日にあきらめた作業は、「結果的に必要なかった。やらなくて良かった」と回答した人が83％もいました。結果として「やらない作業」を決めて良かったのです。

休暇にはしっかり脳を休めて月曜日から好調なスタートを切り、休暇を意識することによって金曜日に「やらない作業」を決めて効率を高める。こうすることで、労働時間を減らしながら、成果を上げていくのです。

脳を休めること、「やめること」を決めることが効率アップにつながる

「親しい人」との食事で「幸福度」は増す

■「幸せ」の8割は仕事の外にある

弊社では、クライアント企業の社員に「どういった時に幸せを感じますか？」というアンケートを実施しています。次ページの図は、22社16万人を対象にした記入式アンケートの結果です。使用頻度が高い言葉は大きく表示されています（ワードクラウドというテキスト分析結果の表示）。

ご覧いただくと、「趣味の時間」や「家族と過ごす時間」「子どもの成長」など、仕事以外の項目が大半で、全体の8割以上の幸せは仕事以外のものでした。もちろん、これは仕事に幸せを感じていないということではなく、**仕事以上にプライベートのほうが幸せを感じやすい**と理解できます。

あなたはどういった時に「幸せ」を感じますか

（22社16.2万人　アンケート結果）

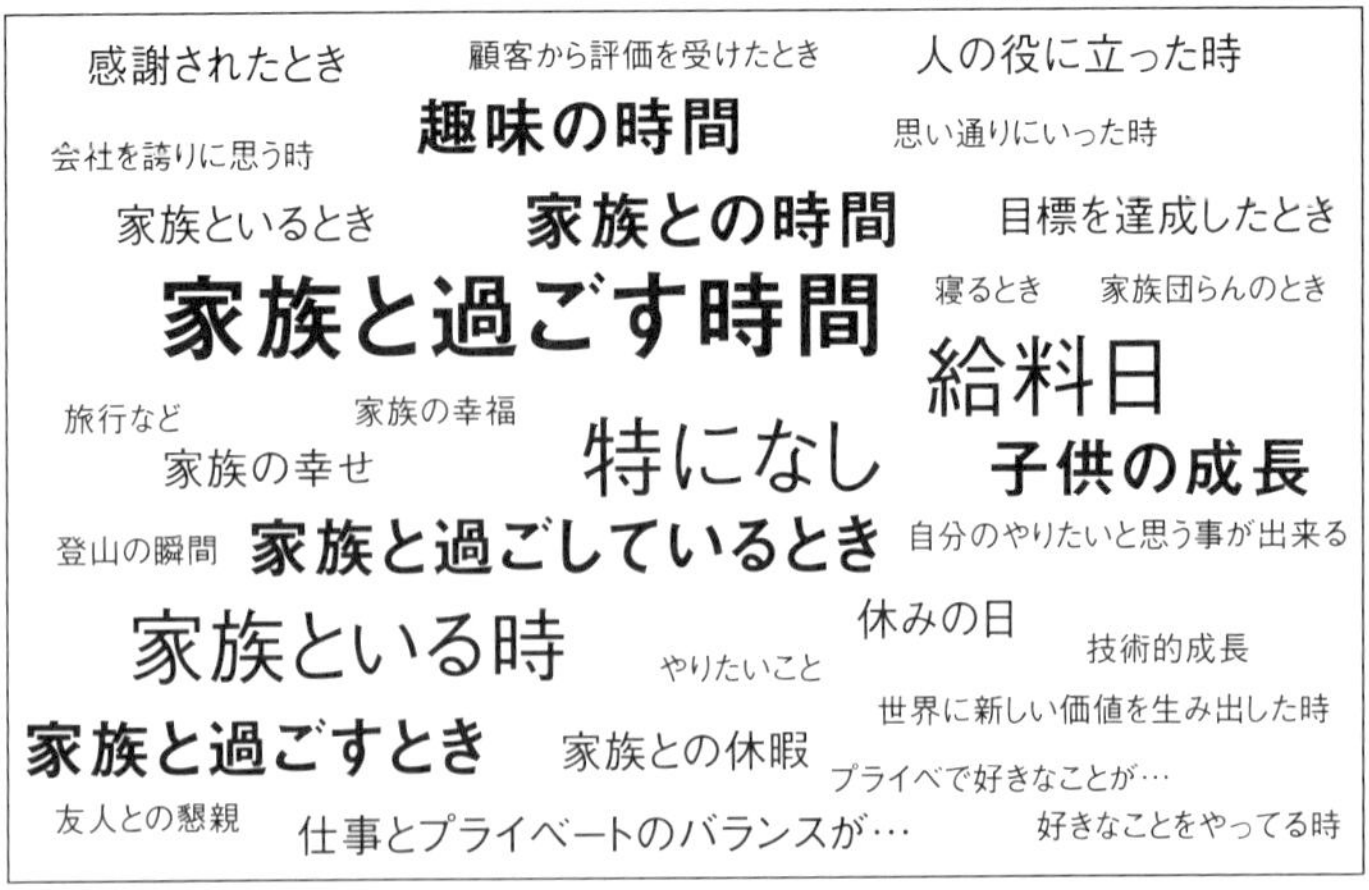

■「家族」との関わりによって幸福度がアップする

上の図から、「家族」という言葉が多いことがわかります。人は関係性の近しい人と一緒に過ごしているときに幸せを感じるということです。

２００５年に東京ガスが公開した調査結果では、「中学生の幸福感は、家族の誰かが料理を作ることと、家族のコミュニケーションを図る場としての食事を持つことによって高められる。」と記されています。

その調査では「子どもの幸福感」は、家族がコミュニケーションを図る場として食事を持とうとすることと、中学生本人の料理に対する取り組み、および両親の料理に取り組もうとする姿勢によって強く影響を受けていることが判明したそうです。

英国で2014年に行われた調査結果では、週3回以上家族と食事をとった子どもは、週3回未満の子どもに比べて幸福度が高かったそうです。また、英エセックス大学の調査では、子どもはゲームやテレビに興じている時間よりも、親兄弟と接している時間のほうが幸福度が高かったことを報告しています。

2015年にイケア・ジャパンはストックホルム、ニューヨーク、ロンドン、パリ、ベルリン、ムンバイ、上海、モスクワ、東京の9都市の18歳〜60歳の男女合計約9500名を対象に「食環境と食習慣に関する調査」を実施しました。その調査結果では、「食事をすることが楽しい」と回答した人の77・5%が「自分の人生が幸せだ」と回答しており、食事を楽しんでいる人は幸福度が高い傾向にあることがわかりました。

そして、人と食事をすることについて尋ねたところ、誰かと暮らしている人は21%、一人暮らしの人は35%が「もっと誰かと食事をとりたい」と回答しています。食事を楽しむことに幸せを感じ、誰かと一緒に食事をすることによって、さらに幸福度へ影響を与えることがわかりました。

効率化によって、単に労働時間を削減するということが目的になってしまっては、気持ちは長続きしません。意義や目的を腹落ちせずに、労働時間の削減に向けて上司からいわれてイヤイヤ「働き方の改善」に取り組むのではモチベーションは上がりません。

そこで、たとえば「家に早く帰って、家族や友人と食事を楽しむ」というポジティブな目標を掲げて、そのために時間を生み出すという感覚を持てば、内発的な動機づけとなり自分の「やる気スイッチ」が押されるので、おのずと業務効率は高まるはずです。

働く先にある「幸せ」をイメージして仕事を時間内に終わらせる

おわりに

私はマイクロソフトの役員を経て、現在ではさまざまな企業の「働き方の改善」を支援しています。そのためか、優秀なビジネスパーソンと勘違いされることも多いですが、私の原体験は劣等感からきています。

双生児の片割れとして生まれ、幼少期から体が小さくて弱く、高校生まで背の順でクラスの一番前でした。学力は低く、大学受験は三度も失敗し、2年間浪人して滑り止めの大学に入ったぐらいです。大学時代は、奨学金をもらって何とか卒業できました。

この劣等感から抜け出すことができたきっかけは、大学生になって出合ったスカッシュというスポーツです。

スカッシュは、前後左右の壁に囲まれたコートの中でボールを打ち合うラケット競技で、これにハマりました。2年間浪人した時代にはいっさいの運動をしておらず、体力がない私が試合で他大学のエースに勝つには、普通の練習をしてもダメだと考えました。筋肉のつけ方やメンタルトレーニング、一流のプロからの指導など、さまざまな工夫をしました。結果として目指していた全国大会への出場、そして最終的に日本代表ユースとして海外遠征に行くまでに上達しました。

当時は「大学のサークルを運動部に昇格させる」という明確な目標と、試合で勝つためのことだけやると決めて最低限の練習をしました。この考え方がブレークスルーとなり、社会人になっても役立ちました。

高学歴でもなければ、まして飛び抜けた能力も持ち合わせていない私が、どうしてマイクロソフトの役員という職に就くことができたのか。留学経験のない私が、どうして世界をステージに働くことができたのか。マイクロソフトを卒業したと同時に起業して、以前より少ない労働時間でより多くの報酬を稼ぐことができたのか。

振り返ると、**「More with Less（より少ない時間で、より良く働く）」「Achieve More（昨日より今日、今日より明日成果を残すこと）」**と自分のできることを広げてきたことではないかと思います。その積み重ねが今の状況にまで、自分を押し上げてきたのだと思っています。

ここで読者のみなさまの行動が変わるように、冒頭で紹介したシンプルなルールを再び記しておきます。

明確かつ測定可能な目標に向けて、より少ない時間でより良く働くだけ。

自分の仕事や生き方を編集すれば、その成果をよりいっそう高めることができます。本当に重要なことにエネルギーを集中できるからです。余分なものを削ってこそ、重要なものを活かす余地が生まれます。

では、重要なものとは何か。それは「**自分の人生を生き抜くこと**」です。自分の時間を過ごすために時間を生み出し、自分の幸せのために時間を使うのです。

私のメンターがこの考えを教えてくれて、目の前の曇りが一気に晴れました。誰かに気を遣い過ぎて体力を消耗するのではなく、自分の時間を生きるために適度に周囲に気を配るようになりました。このように背中を押してくれたメンターは太陽のような存在で、その教えにより私の保守的な行動は変わっていき、幸せな時間が増えていきました。

読者のみなさまも、まず行動を変えてみてください。きっと「意外と良かった」と気づき、進化を楽しむことができるようになります。本書を読んで終わりではなく、何かしら行動を変え、結果的に意識が変わることを願っています。

最後に、多くの調査や実証実験に協力してくださったクライアント企業のみなさまに深く感謝いたします。何度もアンケートや調査、ヒアリングを重ね、ご迷惑をおかけしたこともありました。しかし、みなさまの協力のおかげで、新たな気づきを多くの方にお届けできたと思います。

そして一番の感謝は、私を産んでくれて育ててくれた両親に対してです。大病を患った両親の生きる力に感化されて、今の私があります。自分の力を信じて、世界の多くの方々の役に立ちたいと思います。

越川慎司

越川慎司（こしかわ しんじ）
株式会社クロスリバー代表取締役社長。株式会社キャスターAnywhere事業責任者。元マイクロソフト業務執行役員。国内および外資系通信会社に勤務、ITベンチャーの起業を経て、2005年に米マイクロソフト本社に入社。2017年にクロスリバーを設立し、メンバー全員が週休3日・リモートワーク・複業で、支援した企業は600社以上。ムダな時間を削減し社員の働きがいを上げながら利益を上げていく「稼ぎ方改革」の実行を支援。著書に『超・時短術』（日経BP）、『科学的に正しいずるい資料作成術』（かんき出版）、『ビジネスチャット時短革命』（インプレス）など。定額制オンライントレーニングサービス「Smart Boarding」にて特別講座を提供中。メディア出演や講演多数。
問い合わせ http://cross-river.co.jp/

働《はたら》く時間《じかん》は短《みじか》くして、
最高《さいこう》の成果《せいか》を出《だ》し続《つづ》ける方法《ほうほう》

2020年8月1日　初版発行

著　者　越川慎司

発行者　杉本淳一

発行所　株式会社日本実業出版社　東京都新宿区市谷本村町3−29 〒162-0845
大阪市北区西天満6−8−1 〒530-0047
編集部 ☎03-3268-5651
営業部 ☎03-3268-5161　振　替　00170−1−25349
https://www.njg.co.jp/

印刷／厚徳社　製本／共栄社

この本の内容についてのお問合せは、書面かFAX（03−3268−0832）にてお願い致します。
落丁・乱丁本は、送料小社負担にて、お取り替え致します。

ISBN 978-4-534-05793-8　Printed in JAPAN